教育を科学する力、教師のための量的・質的研究方法

Excel フリー統計ソフトHADを用いて

石川 美智子
Michiko Ishikawa

松本 みゆき
Miyuki Matsumoto

【HAD を立ち上げるためには】

　なお、HAD が立ち上がらなかったら、清水先生が HP 上で説明しております。下記の作業をしてください。

https://www.slideshare.net/simizu706/2-had-34414236?next_slideshow=1

アドイン化

1．HAD12 以降の注意点・HAD12 からは Excel のソルバーを使っています。・ソルバーとは，Excel に入っているアドインです。非線形方程式を解くためのツールです。・最初に起動したときにエラーがでる場合・コンパイルエラーというのが出ることがあります。その場合は，HAD を一度閉じて，もう一度起動してみてください。すると，ソルバーが入っていれば普通に使うことができます。

2．それでもエラーが出る場合・ソルバーが有効になってない，あるいは入っていない可能性があります。・参考 URL：・http://office.microsoft.com/ja-jp/excel-<http://office.microsoft.com/ja-jp/excel-> help/HP010021570.aspx・ソルバーオフバージョンもあります・ソルバーを使わないバージョンです。構造方程式モデルは実行できませんが，それ以外の分析はすべて可能です。そちらをダウンロードしてください。

はじめに

世界に誇る日本の教師

　「世界に誇る日本の小学校教師」この言葉は文部科学省が 2016 年ごろから使い始めた言葉です。筆者は世界に誇るのは，小学校教師だけでなく日本の園・小・中・高等学校教師すべてだと思います。短期大学を卒業した教師や博士課程を修了した教師も含みます。堀内（2014）は，「日本の教員の質は世界一だと思います。最もいい国と比較をしても，間違いなく日本の教師は素晴らしいと思います」と述べています。実際，日本の子供の学力は PISA の調査では，科学的リテラシー・数学的リテラシー・読解力とも先進諸国の中ではトップクラスです。そして，日本の教師は，学習指導ばかりでなく給食指導，生活指導と多様な役割を担っており，2013 年の OECD 国際調査「国際教員指導環境調査」（TALIS）の結果で労働時間は参加国の中ではもっとも長く 53.9 時間でした（OECD，2014）。

　一方，堀内（2014）は，国際的なことに限っていうならば，間違いなく「教職の専門職化」ということが共通の課題になっており，世界は一つになりつつあると述べています。ヨーロッパでは，EU の統合に向け欧州委員会は，ボローニャ・プロセスを作成し，高等教育の質の保証を行ってきました。ボローニャ宣言は，1999 年にヨーロッパ各国の高等教育担当大臣がボローニャに集い，2010 年までに個々の国を越えたヨーロッパとしての高等教育圏（EHEA）を形成すると約した声明です（舘，2010）。ボローニャ・プロセスには，46 ヵ国，ヨーロッパ連合（EU）27 カ国以外の国も参加しています。そして，21 世紀のアカデミアの基礎を築きつつあります（Reinalda & Kulesza，2006）。EU 統合への動きが高等教育の質保証となり，教員養成にも影響を与えているのです。

教師の「高度化」という奔流

　教員養成課程で言えば，イギリスでは，高等教育機関の教員養成課程（3 ～ 4 年）又は学士取得者を対象とした教職専門課程（1 年）が必要です。フランスでは，教員教育大学センター（2 年）（入学要件は修業年限 3 年の学士取得者）（通算 5 年），フィンランドでは，大学の教員養成課程（5 ～ 6 年）です。日本では大学（4 年）における教員養成が標準となっています（文部科学省，2018）。日本の教師は，質的には，世界に誇るものですが，世界の流れを考えると教師の「高度化」という奔流に巻き込まれざるを得ない現状だと思います。その一例として，2008 年度に 19 校つくられた教職大学院は，2017 年度には 53 校になりました。教職大学院設立には，政府の強力な動きがあります。

　それでは，質の高い日本の教師には何が求められるのでしょうか。実践的な力でしょうか？それとも，アカデミックな力でしょうか？私は両方だと考えます。いじめ等複雑化する問題，多様化する児童生徒の支援等，学校の課題は多発し，解決するための実践力が必要です。一方国際的な動きのなか，学校の課題と対応を理論的にまとめ，国内外で情報を共有することも求められています。実践的な力・アカデミックな力、それらを支えるのが，本書の「教育を科学する力，教師のための量的・質的研究方法」です。教師は，学問を追究する人とは異なります。実践者です。質の高い日本の教師の実践を，研究として，個人情報を守りながら成果を発信することが求められていると思います。高いレベルでなくとも，日本の高い質の教育実践を，科学的根拠に基づきながら，伝えることにより一層質が高くなり，世界の学校の課題が解決できるようになると考えます。

本書の特徴

　本書は，教師の言葉で書きました。学校には情報やデータがいっぱいあります。また，依頼すれば研究協力者もたくさんいると思います。しかし，データを集め分析方法を理解しただけでは研究はできません。研究とは何か，研究をデザインするとは何か，研究倫理とは何かなど，教師の言葉で書きました。

　量的研究方法については，統計学等の専門的な本ではありません。簡単なものですので，必ず成書をご覧下さい。ノートパソコンがあれば，自宅・学校でもできるようにエクセルのフリーソフトを用いました。一般的に大学にある統計ソフトはとても値段が高く，個人的に購入することは困難です。また，Rというフリーの統計ソフトは，少々扱いづらいように思います。

　教師を目指す人は必ず教育実習にいきます。教師と児童生徒の関わりをみて，どのようにまとめたらよいか質的研究方法の説明もいれました。簡単なものですので，必ず成書をご覧下さい。

　そして，見本となる論文も載せました。研究（論文）の参考書として，常に机の上に置き，いつでも開いていただきたいと思います。

　グローバル化の中で，ますます日本の教育が発展し，日本の教室が子どもたちにも教師にも，さらに楽しくなることを期待しております。そして，日本の教育が本書を通し世界に発信され，世界の教室が楽しくなることを期待しております。

石川美智子

教育を科学する力、教師のための量的・質的研究方法：Excel フリー統計ソフト HAD を用いて

目　次

はじめに……………………………………………………………………………………… 1

第1部第1章　教師・教師を目指す人のための研究……………………………… 5
第1節　教師・教師を目指す人のために必要な研究法の理解　　5

第1部第2章　研究デザイン…………………………………………………………… 12
第1節　研究デザインの実際　　12
第2節　研究倫理　　14
第3節　研究の目標・問い　リサーチ・クエッション　　19
第4節　研究の厚みへ　トライアンギュレーション　　20
第5節　量的研究法と質的研究法の選択　　20
第6節　文献研究　　22
第7節　データ収集　　24
第8節　批判的思考　　32

第2部第1章　教師や教師を目指す人の量的研究方法……………………………… 34
第1節　記述統計と統計的検定と統計的推定　　34
第2節　データの種類　　35
第3節　統計的検定の考え方　　36
第4節　妥当性・信頼性の高い尺度の活用によって，実践研究へ　　38
第5節　基本用語の説明と使用される記号　　39
第6節　HAD におけるデータ入力の仕方と記述（要約統計）統計量の出力　　44

第2部第2章　前・後テストまたは2組のテストの比較（2つの平均値の比較）……… 47

第2部第3章　多数のテストの比較―分散分析………………………………………… 54
第1節　多重比較　　54
第2節　同一組の3回以上のテストの比較―1要因被験者内計画―　　56
第3節　3組以上の同一テストの比較―1要因被験者間計画―　　62
第4節　同一組で複数の学習方法と複数教科のテストの比較―2要因被験者内分散分析　　68
第5節　異なる学年の異なる組のデータの比較―2要因被験者間計画―　　78
第6節　異なる組で，繰り返されるテストの比較―混合計画分散分析―　　86

第2部第4章　複数の条件から，予測―重回帰分析―………………………………… 94

第2部第5章　いろいろなデータから相関の高いものを探る―因子分析―………… 103
第1節　因子分析　　103
第2節　尺度をつくる　　113

第2部第6章　因果モデルの仮説を明らかにする―共分散構造分析―‥‥‥‥‥‥‥‥‥ 116

第2部第7章　順位分類データの検定―順位相関係数の検定―‥‥‥‥‥‥‥‥‥‥‥‥‥ 131
　　第1節　繰り返される「対応のある」順序分類データの分析　　132
　　第2節　繰り返されない「対応のない」順序分類データの分析　　136

第2部第8章　学年別進路希望の比較―名義分類データの検定―‥‥‥‥‥‥‥‥‥‥‥‥ 139

第3部　質的研究法の具体的方法‥‥‥‥‥‥‥‥‥‥‥‥‥‥‥‥‥‥‥‥‥‥‥‥‥‥ 144
第3部第1章　事例研究法‥‥‥‥‥‥‥‥‥‥‥‥‥‥‥‥‥‥‥‥‥‥‥‥‥‥‥‥ 144
　　第1節　事例研究法について　　144
　　第2節　事例研究法による実践研究　　146

第2章　KJ法　‥‥‥‥‥‥‥‥‥‥‥‥‥‥‥‥‥‥‥‥‥‥‥‥‥‥‥‥‥‥‥‥ 153
　　第1節　KJ法について　　153
　　第2節　KJ法による実践研究　　158

第3章　修正グラウンデッド・セオリー法‥‥‥‥‥‥‥‥‥‥‥‥‥‥‥‥‥‥‥‥ 168
　　第1節　修正グラウンデッド・セオリー法について　　168
　　第2節　修正グラウンデッドセオリー法による実践研究　　175

第4章　ライフヒストリー‥‥‥‥‥‥‥‥‥‥‥‥‥‥‥‥‥‥‥‥‥‥‥‥‥‥‥‥ 184
　　第1節　ライフヒストリーについて　　184
　　第2節　ライフヒストリーによる学部新卒学生の実践研究　　190

おわりに‥‥‥‥‥‥‥‥‥‥‥‥‥‥‥‥‥‥‥‥‥‥‥‥‥‥‥‥‥‥‥‥‥‥‥‥‥ 195

索引‥‥‥‥‥‥‥‥‥‥‥‥‥‥‥‥‥‥‥‥‥‥‥‥‥‥‥‥‥‥‥‥‥‥‥‥‥‥‥ 196

第1部第1章　教育を科学する力―教師・教師を目指す人のための研究

　本書では，教師・教師を目指す人のための実践研究の必要性を検討します。その上で，実践者と研究者の協働を示します。また，研究法を大別して量的・質的研究法それぞれの特徴を述べます。

第1節　教師・教師を目指す人のために必要な研究法の理解

(1)研究者としてのナイチンゲール

　白衣の天使として有名なナイチンゲールは，円グラフを改良し広めました。ナイチンゲールは，実は看護師として働いた期間はわずか2年間ですが，看護と統計の学者として多大な功績があります。ナイチンゲールは，兵舎病院の不衛生な状況を改善し，清潔な衣類等を兵士に提供して，負傷した兵士の死亡率を42%から，15%，5%へと減少させました。それを円グラフに表すことにより(図1-1)，イギリスの国家予算を勝ち取って非常に多くの兵士の命を救いました。そして，当時召し使いの仕事とされていた看護を，看護学として理論立てた学問にしました。

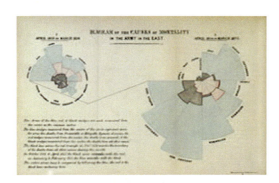

図1-1　ナイチンゲールが作成した東部での軍隊における死亡原因図（写真　総務省統計局）

　現代風に言うと，ナイチンゲールは看護におけるエビデンスベイスト・アプローチ(evidence-based approach)を最初にした人ということです。エビデンスとは，実験データや症例など具体的な証拠(evidence)という意味です。エビデンスベイスト・アプローチとは，学派の教義や理論を根拠にするのではなく，具体的なデータという証拠に基づいて実践活動を発展させていくという意味です(Miller,Duncan,& Hubble,1997;杉浦,2004)。実践におけるエビデンスを明らかにするということは，信頼性のレベルが明確になり，適切な方法を選択できる可能性があるということです。学校教育でいえば，教育実践のエビデンスを明らかにすることにより，自分の学級にあった指導を選択できる可能性が高くなるということです。

　ナイチンゲールは，実践家であると同時に，実践の記録を残しその結果まで明らかにし，研究論文として発信する努力をしました。教師も，教育を発展させるためには実践し記録し研究論文として発信する努力が必要だと考えます。McLeod(2003)は，研究とは「体系的な情報収集とその分析を通じて他者

に伝達可能な意味のある知を生み出すためのプロセス全般」と述べています。

　本書は，一つの原理や教義を求めるための研究や，高いレベルの研究論文を書くことをねらいとした本ではありません。教師や，教師を目指す人が，教育について科学的根拠に基づく研究論文やレポートを書けるようにすることをねらいとしています。実践し，根拠のある論文をできるだけ多くの教師や教師を目指す人が，書いて発信することが，重要なのです。結果として，教師教育の発展につながると考えます。

(2)教師や教師を目指す人が研究をすることの意義

　学校にかかわる二つの事例を示します。内田(2013)は，学校の死亡事故で最も多いのが柔道事故であることを明らかにしました。公開されているデータを内田が分析し直したのです。内田は，2010 年から学校の柔道事故の研究論文を書き始め，過去 29 年間に 118 名の中高生が学校柔道事故で死亡しているデータを示しました。その後，2012 年から 2014 年まで，学校柔道死亡事故者は 0 人でした。過去のデータをわかりやすく整理し公表しただけで，学校の柔道事故が激減したのです。

　もう一つの事例を示します。ある地区の 8 つの市町に 20 校の高等学校があります。そのうち教育困難校といわれ，教頭が 2 人配置されている学校は 3 校です。教育困難校とは，授業中生徒が叫び声をあげ，生徒同士のおしゃべりがひどい等授業や学校行事が成立しない学校をいいます。教育困難校の 1 校が，学習指導カードを作成し，生徒の授業中の携帯電話や忘れ物等を指導し記録することにしました。何枚かカードがたまると，担任指導，学年主任指導，保護者来校による管理職面談というシステムを作りました。その後，その学校は，授業が成立するようになり退学率が減りました。教育困難校における生徒指導の方法を示したのです。しかし，そのデータは他の 2 校に伝えられず，他の 2 校にそのシステムが導入されたのは，7 年後でした。過去のデータをわかりやすく整理し，公表することが次の実践のために必要なのです。

　一方，「校内研修に熱心で，能力はあるのに自信がない」，OECD(2014)が公表した国際教員指導環境調査で，こんな日本の教師像が浮かび上がりました。学校の教師の勤務や指導の環境について国際調査が行われ，日本の教師は，勤務時間が週におよそ 54 時間と，参加した国や地域の中で最も長い一方で，自己評価は低いことが分かりました。この調査は OECD が 2014 年に，34 の国と地域を対象に行いました。日本は初めて参加し，中学校の校長や教師およそ 3700 人が回答しました。 この中で 1 週間当たりの勤務時間を聞いたところ，日本の教師は 53.9 時間で参加した国や地域のうち最も長く，平均の 1.4 倍でした。日本における教師 1 学級あたりの受け持ち生徒数は，各国平均より 7 人も多く 31 人でした。各国の教師のほぼ 8〜9 割が自信を持っているのに，日本で明確な自信を示したのは約 5 割にとどまりました。現在，日本の学校教育問題は，教師個人の問題だけでなく教育システムの不備による可能性もあります。多くの教師が学級経営の実践活動の科学的根拠を明らかにすることにより，教育の問題が明確になり教育がさらに発展すると考えます。そして，教師の自信を取り戻せる可能性もあるのです。

(3)エビデンスベイスト・アプローチ

　本屋に行くと，「学級づくり 3 原則」「学級経営力を高める原則」「クラスを立て直す教師」等いろい

ろな本が売られています。これらは，すぐれた実践本です。経験の豊富な教師が工夫を凝らしながら積み上げ実践してこられた貴重な資料です。しかし，科学的根拠つまりエビデンスは明らかにされていないものが多いのです。学級経営には児童生徒の実態や学校の風土などが大きく影響します。学級経営の実践の根拠となる前提と実践前後の客観性の高い変化が明らかにされていないのです。

　文部科学省(2016)は，「経済・財政再生アクション・プログラム」を受けて，学校の課題に関する客観的データ等の学校・教育環境に関するデータ収集及び教育政策に関する実践研究の必要性を述べています。内田(2013)のように，目の前の児童生徒・教師・保護者を対象とした簡単な研究法でも，エビデンスベイスト(科学的根拠)を明らかにすることにより，教師や教師を目指す人が説得力のある実践を行えるようになると考えます。また，教師以外の人々にも，学校教育の理解が深まり，より建設的な議論やシステム提案が行えると考えます。

(4)基礎研究者実践研究者それぞれの意義
1)役立つ研究には，多くの研究者の積み上げによる一般化が重要

　ここでは，教師や教師を目指す人が理解しやすいように，ノーベル賞をとった研究を参考に，研究の意義についてさらに深めます。宮脇(2008)は，蛍光タンパクでノーベル賞をとった各研究者の業績を説明しています。下村(1962)は，大量のオワンクラゲを集め，発光器官を液体状のサンプルにして分析しました。そして，紫外線を当てると緑色に発光するタンパク質が含まれていることを発見しました。下村は，発光色を緑色に変えているのが緑色蛍光タンパク質(GFP)であることを突き止めました(図1-2)。

図1-2　オワンクラゲ（写真　理化学研究所）

　30年後コロンビア大学のChalfie(1992)は，複製したGFPを利用して，バクテリアの一種である大腸菌（Escherichia coli）を緑色の蛍光色に光らせることに成功しました。翌年，Chalfieは同じ技術を透明な線形動物（Caenorhabditis elegans）に応用し，その体内にある6つの異なる細胞を蛍光タンパク質で発光させることに成功しました。これにより，各細胞が皮膚や腸などそれぞれの役割を担うようになるプロセスが解明されました。図1-3は，線虫の体内で光るGFPです。

図 1-3　GFP の遺伝子を導入され緑色に光る線虫（写真　サイエンス，2014）

　さらに 4 年後，カリフォルニア大学の Tsien(1996)が緑色以外にも，様々な色に光る人工蛍光タンパクを創製しました(図 1-4)。また，GFP 技術を使いやすいものに改良しました。のちに医療現場などで「魔法のマーカー」として応用されるようになります。例えば，腫瘍（しゅよう）が増殖しているか，神経障害であるハンチントン病が脳細胞にどのように広がっていくかなど，それ以前には見えなかった生物学的な過程を目視できる研究へと発展させました。

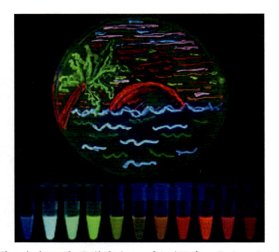

図 1-4　様々な色に光る蛍光タンパク（写真　Tsien Laboratory）

　下村，Chalfie，Tsien はいずれも 2008 年にノーベル化学賞を受賞しました。蛍光タンパクはノーベル賞をもらった 3 人のみでなく，多くの人々がかかわり社会貢献できる物質として発展していきました。筆者は，心理や教育の機能について見解の正しさや有効性を，データに基づいて理論的に示す基礎研究をする人を「基礎研究者」，実践活動して研究する人を「実践研究者」と定義します。様々な人が協力してはじめて社会貢献になります。たとえば，行動を始発させ目標に向かって維持・調整する動機付けの研究は多くなされています。そして，義務や賞罰等によってもたらされる外発的動機付けや好奇心や関心によってもたらされる内発的動機付け等の分類もされています。これは，基礎研究といえると考えま

す。特別な応用，用途を直接に考慮することなく，仮説や理論を形成するため，または現象や観察可能な事実に関して新しい知識を得るために行われるものは，基礎研究です。また，特定の目標を定めて実用化の可能性を確かめる研究や，既に実用化されている方法に関して，新たな応用方法を探索する研究を応用研究といいます(総務省統計局，2014)。動機付けの基礎研究を理解して，学級で実践したり，観察したりして証明する人も必要だと考えます。学級経営の研究は，基礎研究の上になりたつ応用研究である実践研究と考えます。34年にわたる下村，Chalfie，Tsien，その他多くの人々の基礎研究と実践研究の努力があって，役に立つかどうかわからなかったGFPが多くの人の命を救うこととなりました。

学校教育も基礎研究をする人，実践研究をする人どちらも欠くことができません。基礎研究から実践研究まで，情報を共有しながら全体に通用させることを一般化といいます。教師も教師を目指す人も，個人が特定されないように配慮して一般化することが必要です。

2)教育における課題　学級経営の研究の動向

担任教師を経験しない教師はほとんどいません。若手教師にとって，学級経営は教師キャリアの登竜門の一つです。では，教師教育のテーマである学級経営においてどのような研究が行われてきたか検討します。

学級経営を題目に含む査読論文は1945年～2014年の間に6論文でした。査読論文とは，複数の学者が論文をみて，科学的根拠に基づいて書かれていることを証明した論文のことです。一般的に学術誌に掲載された高いレベルの論文といえます。学級経営を題目に含む査読論文は近年においても非常に少なく，学校現場の実態を的確に検証できない可能性があります。根本(1989)，小野寺・河村(2012)は，授業が行われる学級集団は，多くの変数を含みそれらの変数間に様々な相互作用が存在し，よって多様な現象が存在するとしています。つまり，他の環境で活用できない場合もでてきます。

そのような中，2012年，河村は，学級経営心理学会を立ち上げました。近年，一斉授業が成立しない，学級活動が成り立たない，行事が成立しない等，学級崩壊一歩手前の学級は多くの学校に存在しています。しかし，学級経営の研究は非常に少ない現状です。学級経営について研究されていないため，学部教員養成段階において学級経営が教えられていない可能性があります。さらに，学校現場における問題が明らかにならず，対策が遅くなっている可能性もあります。

3)教師の研究の位置づけ

教師は，教育の問いを学校に関わる多様なデータ（児童と教師の会話，担任の教育観，児童の実態，保護者の教育観，同僚との会話，文教政策等）を通して分析し追究し，考察する姿勢が重要です。あらゆる知識と経験を総合する行為の中で省察する専門家をSchon(1983)は，反省的専門家と呼びました。佐藤(2015)は，どの国の教育改革においても教師の専門家像は「反省的専門家」に求められ，その実践的な知識と見識に求められてきたと述べています。つまり，教師は実践的認識論に立った専門性が求められているのです。

したがって，教師を目指す人は，心理学の基礎研究を行うのでなく，多様な学校風土や学級風土を明らかにしながら，基礎研究を参考に学級経営を観察し，実践研究をしていく必要があります。動機付け

の基礎研究は，学級集団となった場合どのように活かされるのか，活かされないのか，どのような工夫をすると動機付けが高まるのか実践する教師が必要です。教師教育についても，基礎研究者も実践研究者も必要であるといえます。

(5)考察　基礎研究者と教師や教師を目指す実践研究者の協働

　Glazer(1974)は，専門家をメジャーな専門家とマイナーな専門家の2種類にわけています。メジャーな専門家は，安定した制度的文脈において機能し科学的知識の典型となる体系的で基本的な知識に根拠をおいています。教育学・心理学にかかわる基礎研究者です。マイナーな専門家は，変わりやすい曖昧な目的に悩まされ，実践では不安定な制度的文脈にわずらわされています。したがって，体系的で科学的な専門家の知識の基礎を発展させることが難しいとしています。学級経営にかかわる実践研究者です。実践研究者は，基礎研究者が証明した理論を，いろいろな学級や児童生徒に対して工夫し，実践を繰り返し，効果を検証する人々です。特定の関わりや特定の環境における傾向を明らかにすることはできるといえます。実践研究者は，対象の学級や児童生徒が多様であるため，研究の立場でいえば成果がわかりづらいといえます。教師や教師を目指す人々は，マイナーな実践研究者です。

　Donald(1983)は，知識がより基本的で一般的であればあるほど，その知識を生み出す人の地位も高くなるが，近年は，基礎研究者は社会的に目標を達成し問題を解決する援助能力がないことに由来する正当性の危機に苦しんできた。複雑性，不確実性，不安定さ，独自性，価値葛藤という現象を抱える現実の実践に気がついてきたのであると述べています。異なる原理や多様な環境で実践し展開し専門家としての見識を形成する教師，つまり実践研究者が求められる時代になったといえます。さらに，実践研究者は，学級での多様性とその出来事を概念として理論化し発信できると考えます。下山(2008)は，理論が時代の変化や文化の相違等を考慮するならば，それらが実際に有効であるという保証はないのであるとして，その時代や地域に適した理論や方法を開発する実践研究の意義を述べています。社会貢献をするためにも，学校教育を発展させるためにも，基礎研究者・実践研究者ともに地道に研究・実践をして一般化する必要があります。

　査読論文という高いレベルまで行かなくても，学校教育や学級経営の実践活動を一定の科学的根拠を示しながら研究論文を書くことが必要です。本書では，教師および教師を目指す人々の実践活動が，研究として最低限のレベルを保てるように示しました。

　第2部では，全体の傾向が理解できる量的研究法を提示します。その後，第3部では，学校現場の実践から具体的な相互の関わりが明らかになる質的研究法について検討します。第2部と第3部では，簡単な実践研究事例を示し，研究法の理解を深められるよう配慮しています。どの章から読んでも，実践研究ができるように工夫しました。良い論文を書くためにも，自分の実践を深めるためにも，まず，第1部第2章を読んでいただきたいと思います。

引用文献（はじめに）

堀内 孜(2014)「教員養成高度化と海外における教員養成の動向」『教師学研究』15

文部科学省(2018) 諸外国における教員養成・免許制度
　＜http://www.mext.go.jp/b_menu/shingi/chukyo/chukyo0/toushin/attach/1337068.htm(2018 年 1 月
　1 日確認)＞

OECD(2014)「国際教員指導環境調査」

Reinalda, Bob & Kulesza, Ewa,(2006) *The Bologna Process: HarmonizingEurope's Higher Education 2. revised edition,* Barbara Budrich Publisher.

舘　昭(2010)「ボローニャ・プロセスの意義に関する考察―ヨーロッパ高等教育圏形成プロセスの提起するもの―」『名古屋高等教育研究』第 10 号

引用文献

Chalfie, M. et al. (1994)*Science*

藤森宏明(2014)「教職大学院制度がもたらした教育・研究に対するインパクト―とくに学級経営領域に着目して―」『北海道教育大学大学院高度教職実践専攻研究紀要』4，27-37.

河村茂雄(2010)『日本の学級集団と学級経営』図書文化

McLeod(2003),J.(2003) *Doing counseling research* (2ⁿᵈ ed.).Sage.

Miller,S.D.,Duncan,B.L.,& Hubble,M.A.,(1997) *Escape forom Babel:Toward aunifying language for psychotherapy.*W.W.Norton 曽我昌棋（監訳）(2000)心理療法・その基礎なるもの　金剛出版

宮脇敦史(2008)「GFP 研究の歴史を紐解く　下村，Chalfie，Tsien 博士の偉業」

文部科学省(2016) 次世代の学校指導体制の在り方について（最終まとめ）

日本学術振興会(2015)「平成 27 年度科学研究費助成事業系・分野・分科・細目表等」

理化学研究所(2015)「オワンクラゲ」

OECD（2014)「国際教員指導環境調査」

Schon,D.(1983) *The Reflective Practitioner: How Professionals Think in Action.* New York:Basic Books.

佐藤学(2015)『専門家としての教師を育てる　教師教育改革のグランドデデイン』岩波書店

Shimomura, O. et al. (1962)J. *Cell. Comp. Physiol*

総務省統計局(2014)「平成 26 年科学技術研究調査 用語の解説」

総務省統計局(2015)「ナイチンゲールが作成した東部での軍隊における死亡原因図」

杉浦義典(2004)「エビデンスベイスト・アプローチ」下山晴彦編『心理学の新しいかたち 9 臨床心理学の新しいかたち』誠心書房

Tsien, R. Y.; Prasher, D. et al.(1996) *Science*

内田良（2013)『柔道事故』河出書房

第1部第2章　研究デザイン

第1節　研究デザインの実際

(1)研究デザイン

　研究デザインとは，研究者が立てた問いに答えることを可能にする証拠を集め，分析するためのプランです。それは，データ収集の細部から，データ分析の技法の選択にいたる研究のすべての側面に関わります(Ragin, 1994)。

　2人の大学院生が書いた学級経営の研究論文があります。それぞれ研究1，研究2とします。教師を目指す2人は，教育実習で経験豊かな担任教師のクラスに配属され，それぞれの担任教師のよさをみて，研究目標が決まりました。

　＜研究の問い＞研究の目標は，担任教師との関わりを通し児童生徒の変化過程を明らかにすることでした。つまり，研究への問いまたは疑問（リサーチ・クエッション）は，「学級開きからの担任教師との関わりで，児童生徒はどのように変化するか」です。

　＜研究方法＞教師を目指す2人は，学級生活の質テスト，学級満足テスト等の数量的なデータにはあまり興味はありませんでした。自分が教師になった時，児童生徒の数量的なデータ変化よりも，時間経過のなかでの担任教師と児童生徒の相互作用の過程がみえる数量的でないデータに基づいた研究の方が役立つと考えました。そこで，研究方法は，量的研究法よりも質的研究法の事例研究が最も適していると考えました。

　＜文献研究＞先行研究を調べると，教師と児童の相互作用を明らかにした学級経営の研究は少なく，特に，学級経営の事例研究はわずかでした。研究1では，常に文献研究をして，何を書いていいか混乱するぐらいでした。研究2では，指導教官から聞いた文献のみ読みました。

　＜研究倫理＞指導教官に相談すると，データを収集するには，研究協力者に研究の目的を説明し，研究協力を得なければならないとのことでした。学校の場合，担任教師や管理職の了解も必要です。特に，質的研究法は個人が特定されてしまう場合があるため，特定されない工夫が必要であると指導を受けました。

　＜データ収集＞データの収集は，4月からの担任教師と児童生徒の関わりを観察する方法にしました。その上で，研究1では，できるだけ詳しく多様なデータを集めた方がよいと考え，実習校でボランティアを行いながら，担任教師や他の先生への面接(インタビュー)調査も行いました。研究2では，教育実習以外は実習校に行きませんでした。研究のために久しぶりに学校に行った時，担任教師は，学校行事で忙しくて面接(インタビュー)を行うタイミングを失ってしまいました。

　＜資源＞研究1は，分析するとき，指導教官以外の先生や教育を学ぶ院生にも一緒に検討してもらいました。考察を書くに当たって自分の考察の独自性や理論の裏付けをとるため，さらに一度文献研究をしました。研究2は，指導教官や他の先生，院生と分析する時間がありませんでした。考察の文献研究もしませんでした。

　＜研究課題＞2人は，指導教官から質的研究法は客観性が課題であると説明を受けました。

第1部　研究の意義・デザイン等

　研究1と2の研究デザインの特徴：研究1では，担任教師と児童の観察，担任教師と複数の教師の面接（インタビュー）調査を行い「厚い記述」ができる可能性がある。**「厚い記述」は，データの言葉と行動の意味を深く理解し，他の人にわかりやすく伝えることができる。**学校には，児童生徒の作品や，記録がある。職員室では，児童生徒についての話し合いがされる。管理職も含めて教師は，常に児童生徒を心に留めているのである。何気ない雑談も「厚い記述」の一部となる。学級経営の研究においても，学級外の収集も忘れないようにする。データ収集法，場所を組み合わせることにより，客観性の高い「厚い記述」を行うことができる。

　研究2では，学級内の担任教師と児童の観察のみである。「厚い記述」が出来ない。さらに，分析にあたってもデータを一人で分析している。文献研究も不充分で，考察の理論的裏付けが出来ない。研究として客観性が低いといえる。

---

(2)研究デザインとその意義

表 2-1　主な研究デザインの項目

①　研究倫理
②　研究の目標・問い(リサーチ・クエッション)
③　研究課題（質的研究法の客観性）
④　研究法
⑤　文献研究
⑥　データ収集
⑦　資源(時間・技術・能力・人・経験など)

　主な研究デザインの項目を表2-1に示しました。一つでも欠けると研究は出来ません。本書の目標は，学術誌に記載されるような高いレベルの研究ではありません。エビデンスベイスト・アプローチを大切にし，誰もが書ける研究論文を目指しますが，7つの項目をデザインすることは不可欠です。研究において，①〜⑦のデザインがしっかりしていれば，質の高いレベルの論文も書ける可能性が大きいのです。したがって，研究をデザインすることは研究の5割をしめていると言ってよく，とても頭脳的で重要な仕事です。

　基礎研究者にとって，学校現場のデータ収集は難しいものです。しかし，教師や教師を目指す実践研究者は，基礎研究者と比べてデータに近い場所にいるといえます。基礎研究者・実践研究者ともに最も重要なことは，研究倫理です。したがって，最初に説明します。
　研究課題（質的研究法の客観性）については，次に重要な項目であるため，研究の目標(リサーチ・クエッション)の次におきました。また，研究課題（質的研究法の客観性）は，解決方法を理解するため研究デザインの説明の随所に入れました。

第2節　研究倫理

(1)教育と研究のジレンマ

　学校教育や学級経営の研究論文を書くときに，児童生徒が特定される場合や，プライバシーに触れる場合，研究の承諾が必要となります。研究協力者に研究目的を説明し了解を得るのです。担任教師は，純粋に児童生徒に実践したことを，何か別の目的のために利用するように感じ，葛藤となる場合が多いです。多くの担任教師は研究者として教育されていないため当然といえます。児童生徒個人を特定した研究の場合は，家族または児童生徒に会って，研究の目的を説明しお願いします。すると，気持ちよく了解してくれる場合が多いです。それは，教師と児童生徒との信頼関係が成立しているためです。基礎研究者・実践研究者にとって研究対象者との信頼関係は，倫理問題の基本といえます。担任教師は，実践家であるため，児童生徒・家族との信頼関係が出来やすいと思われます。

　学級集団を対象としている場合は，担任教師や管理職の了解を得ることになります。担任教師や教師を目指す実践研究者は，学校現場の感情をくみ取る感性が必要です。研究のために相手を不快にしたり傷つけたりしないように十分配慮しなければなりません。

　本書は，研究対象者を，研究協力者と定義しています。実験心理学では，被験者とよびます。実践研究をともに行い，学校現場の改善に協力するという意味で研究協力者としました。

(2)倫理的配慮

　教師を目指す実践研究者は，児童生徒の信頼関係が基本となると述べましたが，もう少し詳しく検討します。

　近年STAP細胞論文は，研究における倫理として問題になっています。STAP細胞論文について，いくつかの倫理問題がありますが，大きな2つの問題点をあげます。1つは他人の論文をコピペ（剽窃）したことです。研究は，先行研究を検証してその上に，工夫をして実践していきます。過去の蓄積の上に新しい試みがおこなわれて発展していくのです。したがって，先行研究を調べることは当然であり，そこから学ぶべき事は沢山あります。不足している実践も明らかになり，新たな実践へとつながります。大切なことは先行研究の引用を明らかにすることです。他人の文章の引用先を明らかにせずに書けば，著作権侵害となります。

　もう1つは，実験データを改ざんしたことです。先ほど述べたように，先行研究を踏まえて新しい実践や研究が行われますが，データが改ざんされれば，次の研究者がつまずくことになります。

　STAP細胞論文は直接人に関わる実験内容ではありません。人に関わる研究の場合は，さらに研究倫理が求められます。人に関わる研究で倫理問題が明らかになった研究をあげ，研究と倫理について検討します。

　Asch(1956)は，被験者1人とさくらの被験者7人に対し2枚カードを見せました。1枚のカードには基準とする線が書いてあります。もう1枚のカードには長さの違う線が3本引いてあり，基準とする線ともっとも長さが近い線を選びます。さくらの7人は口裏をあわせ違う線を選びます。そうすると事情を知らない被験者も7人の集団圧力に負けて基準線とは異なる線を選んでしまうことが多くなり，正解

率が68%も落ちてしまいます。1956年の実験ですが現在でも，CiNiiで「Asch」「同調」のキーワードで検索すると引用文献が出てくるぐらい有名な実験です。この実験は，被験者に実験の内容を説明せず，さらに，承諾も得ていないということで問題になりました。

Milgram(1963)は，「記憶に関する実験」と被験者に説明しましたが，実際は権威に対する人間の心理実験を行いました。1時間の報酬を約束し教師役と生徒役に分かれ，実験をおこないました。生徒役はさくらでした。教師役は，生徒役が質問に間違えて答えた場合に，電気ショックを流し次第にあげていくことを指示されました。電圧はどんどん高くなります。実際は生徒に電気は流れていませんでしたが生徒役は大きな叫び声をあげました。30%以上の教師役は最大の450ボルトまで電圧を強めました。この実験を契機にアメリカ心理学会では倫理的な問題をまとめました。また，Milgramのアメリカ心理学会の入会をしばらく退ける騒動となりました。現在では，実験の真の目的を被験者に偽って実験に参加させることは出来なくなっています。教育や研究は社会貢献をするために行うのです。人を騙したり，犠牲にしたりして行う研究は社会貢献につながりません。

Flick(2007)は，研究倫理の原則について述べています。研究協力者の側の必要性と関係を踏まえて尊重することによって，研究者が研究協力者に害を及ぼすことを避けるように要請すると述べています。表2-2はFlick(2007)の研究倫理の原則です。

表2-2　研究倫理の原則 Flick(2007)

① 研究のために人を欺かない

② 研究者が研究協力者に偏見を持たない

③ インフォームドコンセントを行う

④ 個人が特定されない配慮を行うこと

⑤ 研究協力者に，研究の途中でも参加をやめる権利があることを伝える

⑥ 研究目的以外に資料を使わないこと

⑦ 研究協力者に結果をフィードバックして，一緒に検討してもらうように努める

人に関わる研究を行う場合は，①研究のために人を欺かないことが必要です。②研究者が研究協力者に偏見を持つと，客観的な分析を行うことが出来ず，信頼関係を築くことも出来ません。学校や担任教師がおかれている複雑な立場を尊重するのも大切なことです。

以前筆者が経験した事例ですが，学級経営に関わらない担任教師がいました。筆者は，1年間その学級経営を援助しながら観察しました。研究の最後に，その教師が，初めて担任教師をした時に学級崩壊した経験を話してくれました。担任を批判しても，他の学級と比較しても児童生徒は，よくなりません。担任教師を尊重し，必要ならば「お手伝いしましょうか」と声をかけることを学びました。③インフォームドコンセントを行うこと。インフォームドコンセントとは研究の内容や目的を説明し，同意を得ることです。研究の目的とその効果を説明することにより，研究の意義を理解してもらう工夫が必要です。学校には，児童生徒の家庭状況，発達学習状態，場合によっては病歴などの様々な個人情報があります。個人情報をそのまま使用することは出来ません。研究の目的と効果を説明することを通して，研究協力

者に社会貢献への意識を持ってもらうのです。そのために④個人が特定されない配慮を行うこと，具体的には研究中のデータは，安全な場所に保管し，研究協力者（教師・児童生徒・保護者）は個人が特定されないように，記号で表します。⑤研究協力者に，研究の途中でも参加をやめる権利があることを伝えます。⑥研究目的以外に資料を使ってはいけません，⑦研究協力者に結果をフィードバックして，一緒に検討してもらうように努めることが大切です。研究協力者に結果をフィードバックすることは，研究の客観性を高めることにもつながります。

(3)研究協力者の立場で考える研究倫理と具体的方法
1)研究の了解をとる手順

所属先に倫理委員会がある場合，研究計画書を提出します。そして，研究協力者に研究の了解を得ます。倫理委員会がない場合は，直接研究協力者に研究の了解をとります。

研究者は，所属先の倫理委員会の有無に関わらず，研究を通して倫理規定への配慮が必要です。特に，教育を対象とした研究者は，学年主任管理職に相談する姿勢が重要です。教育実習生ならば窓口の教師がキーパーソンとなります。相談するとよいでしょう。

その他，国内外の教育・心理学関係の学会で，研究倫理規定が制定されホームページで公開されているので，参考にしてください。表 2-3 に研究依頼書および研究計画書の例を示します。また，表 2-4 に具体的に研究協力者への研究倫理対応が学べるように，質問紙調査の用紙と教示例を示します。

表 2-3　研究依頼書および研究計画書の例

201●年●月●日

●●校長
●●先生

教師への聞き取り調査ご協力について（お願い）

このたびは，表記調査につきまして，●●大学大学院　大学院生　●●●●を通じてご相談させていただきました。あらためて書面にて概要説明をさせていただきます。ご検討の上，実施のご了承をいただきたいと存じます。

私どもの研究室では，さまざまな形で教育実践につながる研究に取り組んでおります。今回の調査を計画した●●●●は，大学院生ですが，教師を目指して養成教育訓練を受けつつ，●●●●に役立つ研究をしたいと考え，●●●●をテーマとして修了論文研究を準備中です。

具体的には，別紙に概要を記載いたしましたが，●●●●の過程を明らかにしたいという問題意識にもとづいています。したがいまして，全体の傾向を分析することを計画しており，個人を特定して検討するものではありません。調査実施に当たっては，プライバシーには十分配慮し，また調査協力は任意で行います。結果は教育の現場に還元していけるよう努力する所存です。

ご検討いただけますよう，何卒よろしくお願い申し上げます。

●●大学教授
氏名
メールアドレス

表 2-4 質問紙調査の用紙と教示の例

```
＜研究調査の概要＞
                                            学籍番号　××××　●●●●

修論テーマ
　学級経営における担任教師の役割（仮）

問題と目的
　小学校では，学級担任制により，教師の学級経営が児童の成長に大きな影響を及ぼす。教職専門実習では，児童が次第に成長していく様子がみられ，そこには，担任の先生の学級経営が大きく関わっていることを学んだ。「授業の基盤は学級経営にあり」という言葉もあるように，学級経営が良好な状態でなければ，学習指導において十分な効果が見込めないばかりか，生徒指導の面でも，様々な問題が噴出してしまう可能性があることを表している。そのため，教師は，学級経営に関わる様々なことを指導しなければならない。特に小学校教師にとっては，学級経営は大きな課題の一つといえる。そこで，本研究では，実習 2 で観察した●年●学級の事例研究を通して，学級経営における担任教師の役割を追究したい。
　学級経営では，集団または個への対応を欠かすことができない。集団への対応には，教室環境づくり，学習規律等が含まれるが，今回は，担任の先生が徹底しておられた学級のルールづくりを中心に研究を進めようと考えている。また，個への対応として，児童とのコミュニケーションやそれに伴う児童の変化を調査していく。
　調査方法としては，専門実習における観察記録を中心に，児童らが毎日書いた日記の分析や教職員の方へのインタビュー調査を加えたい。
```

2)研究倫理の配慮と，いつ了解を得るか

　筆者は，学校の教育相談担当教師として，児童生徒の困難な出来事，つまり不適応な状況が起きた後で，担任等からの依頼を受けて援助を始めることがよくありました。学校現場での実践研究は，児童生徒・家族の病理や収入等プライバシーに関わるところが多く，研究倫理の配慮はとても重要です。援助中と論文執筆中は，教師と心理学の大学教師が参加する研究会で事例を検討しました。また，大学教師による倫理的配慮についてのスーパービジョンも行われました。Flick(2007)は，研究プロセスの様々な段階において，いかに倫理的問題が生じるのか，そしてその問題の対応をどう試みるか多くの研究に移し変えて考えることができると述べています。教師と教師を目指す実践研究者は，教育や研究に関わる全ての過程において研究倫理と向かいあうことになります。

　具体例を示します。次の図 2-1 は，学生が2カ月間小学校の A 組にチームティーチングに入り，児童にクラスメートの良いところ探しをさせました。BC 組は，していない学級です(峰，2015)。

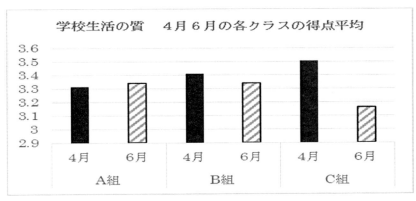

図 2-1　4月，6月における各クラスの得点平均変化

他のクラスは学校生活の質が低下していました。公表にあたって校長先生に再び研究公表の可否を確認しました。校長先生は，公表を了解しました。研究倫理の問題は，研究協力者の視点で考えることによって，対応が見つかるのではないかと考えます。

(4)学級・学校への依頼

　大学の心理相談室は，最初の段階でクライアントに研究の承諾を得ます。筆者の場合，学校の教育相談教師として援助が終わってから5年後ぐらいに承諾を得ることが多いです。これは，研究協力者である相談者の動機の違いであると考えます。大学の心理相談室では，大学という研究機関に自らが相談にやってきます。したがって，事前に研究の目的を説明しても抵抗がないのです。残念ながら，小中高等学校が研究するところだと考えている教師・保護者はほとんどいません。したがって，後日の承諾となります。

　学校には，多くの教育実習生が学びに行きます。ある学校では，年間50人以上の教育実習生が入ります。必ず校内の担当者がいて，窓口になってくれます。教育実習以外でもどなたかが窓口になってくれます。窓口の教師に，自分が興味を示すことや，研究テーマを話しておくと適切なアドバイスがあったり，資料を見せてくれたりする場合があります。

　大学院生が，学級でアサーショントレーニングを取りいれようと，相談したところ，窓口の教師は，「本校は残念ながら，それ以前の課題がある」と率直に意見を言ってくれました。授業中の立ち歩きや，あいさつが出来ない，集団の行動が出来ない等の問題を説明してくれました。担任教師に質問紙調査を行おうとしたときには，校長先生にも声をかけ質問紙を指導してくれました。手順を踏むことも，倫理的配慮の一つです。

　困難をかかえた児童生徒へのアンケート調査をお願いした大学院生がいました。「私は昨年度まで担当窓口だった。昨年度ボランティアに来てくれれば上手くつなげたのに」と言われました。学校現場は忙しく，年度ごとの変化もあります。学生が現場の教師との信頼関係を作る方法の1つとして，ボランティアも考えられます。信頼関係を築くことによって，教師を研究協力者とすることが可能になります。やはり，研究の基本は，研究者と研究協力者との信頼関係です。

引用文献

Asch, S. E. (1956) *Studies of independence and conformity: 1. A minority of one against a unanimous majority.* Psychological Monographs, Vol. 70, No. 9.

Flick(2007)*Qualitative Sazialforschung*　小田博志監訳(2013)　『質的研究入門』春秋社

峰正信(2015)「学校生活の質の向上を目的とした学級経営の在り方－小学校3年生における友だちの良いところ見つけの取組を通しての一考察」『平成26年度京都教育大学大学院連合教職実践研究科修了論文』未刊

Milgram, Stanley (1963) *Behavioral Study of Obedience*　Journal of Abnormal and Social Psychology 67, 371–378.

Ragin, C.C.(1994) *Constructing Social Research: The Unity and Diversity of Method.* Pine Forge Press

第3節　研究の目標・問い　リサーチ・クエッション

(1)学校教育への強いリサーチ・クエッション（研究への問い）

　研究をしようとして，まず，研究デザインの①〜⑦を行うだけでもかなりの時間がかかります。仮説が生成されなければデータの収集を追加で行うこともあります。ナイチンゲールは，わずか2年間の戦地での実践と研究の後，病に倒れベッドでの活動となりました。研究テーマについて興味や動機付けがないと持続出来ません。また，いろいろな研究者に助言を求めているうちに，自分のやろうとしていることに自信がなくなることもあります。それを乗り越えて研究をするためには，気力・体力・努力が必要です。気力・体力・努力を支えるのが研究についてのリサーチ・クエッションです。

　リサーチ・クエッションとは，研究への問いまたは解決すべき謎です。たとえば「授業規律はどのように児童生徒に影響を与えるか」「担任教師のソーシャルスキルトレーニングの実施は，児童生徒の自己肯定感を高めるか」等という疑問です。学校現場に立つと様々な興味や好奇心からリサーチ・クエッションが起きます。リサーチ・クエッションに答えるために研究を行う。リサーチ・クエッションによって，研究方法が決まるのです。

　学校現場は，多様な側面を含んでいます。担任教師の道徳教育・教科指導・給食指導・特別活動・生徒指導・教育相談・保護者への対応・担任教師の特性・教室環境等全てが学級につながっています。学級集団ばかりか個人の行為・物理的環境も研究対象となります。

　膨大な学校現場領域から，研究者が，研究対象や協力者となる人々や時間的制限，その他の利用可能な資源を考えてリサーチ・クエッションを決めます。研究をするならば，社会貢献になるものを考えたいですが，時間的制限も現実には大きな問題です。学生・大学院生ならば卒業または修了があり，教育実習期間もわずか 30 日です。教師ならば教師としての仕事がたくさんあって，研究する時間は限られます。多数の研究テーマを模索しているとあっというまに時間は過ぎ，実践研究のタイミングをなくしてしまいます。また，一つの研究だけですぐに社会貢献できるかというと，とても難しいことです。ノーベル賞を受賞された下村先生でさえ，自分の研究したオワンクラゲの緑色蛍光タンパク質（GFP）が，その後，社会に活用されるとは思わなかったと述べています。学校では，教育への強い問いをもって研究してほしいのですが，どこかで研究テーマに折り合いをつけ，リサーチ・クエッションを決める必要があります。

　そして，もう一度，そのリサーチ・クエッションがすでに研究されていないか文献を調べます。先行研究を調べて，他者がすでに研究していれば，リサーチ・クエッションの答えが明らかになり，リサーチ・クエッションが深まります。研究されていなければ，潜在的な重要な問題がある可能性があり，自分が今研究する意味は大きいものがあります。

　残念ながら当てにしていたデータ収集が出来なくて，研究の途中でリサーチ・クエッションを変更することもあるでしょう。収集出来たデータが使えるならそれを生かしながら，次のリサーチ・クエッションを設定して，また研究を始めればよいのです。

第4節　研究の厚みへ　トライアンギュレーション

(1)研究法における客観性　トライアンギュレーション

　研究法においては，説得力を持たせる必要があります。その一つの方法として，トライアンギュレーションがあります。Dnezin(1989)は，方法，研究者，理論，データのトライアンギュレーションは，理論的構築の最も確かな戦略であるとしています（表 2-5）。「方法のトライアンギュレーション」とは，データ収集方法を組み合わせることです。たとえば，学級経営の研究を行う場合，学級経営の観察を行ったら担任教師の面接も行います。または，担任教師への質問紙を行ったら面接も行うというように，データ収集方法を組み合わせてデータに客観性を持たせます。「研究者のトライアンギュレーション」とは，教育学・心理学の一定の専門性がある人にデータや分析結果を見てもらうことです。教師および教師を目指す人は，仲間同士または，志がある人を探し，分析のときに一緒に手伝ってもらうことです。研究会があればそこで検討してもらったり，自分たちで研究会を作ったりするのもよいでしょう。「理論のトライアンギュレーション」とは，様々な理論を並行して用いることです。文献研究がその一つの方法です。「データのトライアンギュレーション」とは，データを異なる場所や異なる時間からとることです。例をあげます。授業公開日に，特別支援教室から通常学級に遅刻してくる児童がいました。担任教師に聞いても理由はわからず，これだけでは行動の意味がわかりません。この状態で，研究者が分析し解釈すれば客観性は低いままです。特別支援教室の先生に理由を聞いたり，職員室における教師の会話等を記録したりすることで理由がわかるかもしれません。このように，異なる場所や人からデータを集めることにより，客観性を高めるのです。

　また，「厚い記述」もできるようになります。「厚い記述」とは，データの言葉と行動の意味を深く理解し，他の人にもわかりやすくすることです。さらに，研究協力者に結果をフィードバックすることは，研究の客観性を高めることにもつながり，研究に説得力を持たせることができます。厚い記述といえるでしょう。

表 2-5　トライアンギュレーション　Dnezin(1989)

① 　方法のトライアンギュレーション：観察法・面接法・質問紙等データ収集方法を組み合わせること
② 　研究者のトライアンギュレーション：一定の専門性がある人にデータや分析結果を見てもらうこと
③ 　理論のトライアンギュレーション：様々な理論を並行して用いること
④ 　データのトライアンギュレーション：データを異なる場所や異なる時間からとること

第5節　量的研究法と質的研究法の選択

(1)量的研究法と質的研究法

　研究方法については，大きく量的研究法と質的研究法の2つに分けることが出来ます。量的研究と質的研究の具体例をあげてみました(表 2-6)。

量的研究法を紹介します。たとえば、ソーシャルスキルトレーニングを行う学級と行わない学級を作り、自己肯定感テストを行い、変化を比較して仮説の支持の有無を検討します。このような研究は、数量的データを中心に、統計学を用いて分析する方法で、量的研究法と呼ばれています。仮説を立ててデータの特性を変数としてまとめて、検証します。したがって、仮説検証型(下山、2008)ともいわれています。仮説を作るために、トライアンギュレーションつまり、先行研究から導き出された理論が基本となり検証されます。また、一般理論や現象を推測して集団が当てはまるかどうか検証します。先に理論があるため個人を超えたところの検証となります。考え方は理論が先にきて、あてはまるか検討するので演繹法といわれています。量的研究法は一般的傾向を理解するのに適している傾向があります。しかし、量的研究では、一般的なことしか述べることが出来ません。特に、教育は、地域や学校・学級の風土・担任教師・児童生徒等の複雑な要因の上で成り立っています。

多様化している今日の学校では、一般的だといえる学級の方が少ない場合も考えられます。そこで、必要となるのは質的研究法です。質的研究法は、地域や学校・学級の風土・担任教師・児童生徒等が複雑にからむ個々の文脈のなかで、担任教師と児童生徒、または児童生徒同士の相互のかかわりを明らかにします。そして、生み出した概念を通して理論を築くのです。秋田(2010)は、ローカルな具体個別の知恵を探る研究、具体性の中で豊かな知と経験があるという考え方が質的研究法の立脚点であると述べています。また、質的研究法の考え方は、先に学級での観察やインタビューにより、具体的に空間・文脈の中での意味や解釈を概念化し理論を作るので帰納法といわれています。質的研究法は、口頭、視覚、記述の質的データを中心に、研究者自身が解釈し分析する方法です。したがって、研究者が仮説を作るために仮説生成型(下山、2008)ともいわれています。量的研究法に比べると固有の領域において相互の関わりが明らかになるといわれています。質的研究法は、インタビューや観察されたデータから概念が作られ理論化されるため、その概念が妥当かどうかは、研究者である分析者に委ねられます。

表 2-6　量的研究法と質的研究法の手順　と特徴と例

量的研究法	質的研究法
①　**仮説をたてる**：Aは魚である。 　　魚を 1，魚以外を 0 として， 　　A'=鮪,A''=鮎 A'''=鰯,A''''=桜,A'''''=鮭, 　　A'=1, A''=1, A'''=1,A''''=0,A'''''=1, ②　データを検討する： 　　データ例 　　A'=鮪,A''=鮎 A'''=鰯,A''''=桜,A'''''=鮭, ③　分析：研究者は**量的分析法**を用いる ④　思考の特徴：一般原則からデータによって結論を導き出すために**演繹法**。 ⑤　**仮説の証明**：Aは 80%の確率で魚である	①　**データを検討する**： 　　データ例 　　A'=バナナ,A''=みかん, A'''=パパイア,A''''=マンゴー ②　分析：**分析は研究者**に委ねられる。 ③　思考の特徴：データから仮説を導き出すために**帰納法**。「どのような」というプロセスへの問いに答えることができる ④　**仮説を生成する**：Aは南国の黄色系の果物である

リサーチ・クエッションが，「担任教師の授業規律の指示回数が多ければ，児童生徒の学級生活における質は高くなる」のように，多くの場合仮説をたて，数量で表すデータでみるならば量的研究法がふさわしいです。「担任教師の授業規律はどのように児童生徒に影響をあたえるか」というようにプロセスについての問いならば質的研究法がふさわしいです。質的研究法は，インタビューや観察されたデータから概念が作られ理論化されます。その概念が妥当かどうかは，研究者である分析者に委ねられると上述しましたが，客観性の確保に努めるためにより一層，トライアンギュレーションが重要になります。

(2)研究法の選択

　量的研究法と質的研究法は対立するものではありません。量的研究法と質的研究法を補い合うことにより，精緻な研究を行うことが出来ます。これを混合研究法といいます。

　具体的に例をあげます。小学生を対象に，話し合いの仕方のスキルトレーニングを通して，学級生活の質テストを検討します。1組は，話し合いの仕方のスキルトレーニングを実施して，2組は実施しません。その結果1組は学校生活の質が有意に高くなりました。これは，学校生活の質の変化が数値データで示されただけです。そこで，並行して行われた担任教師へのインタビュー調査の結果と観察法から得られたデータを分析すると，1組の児童から見出された概念は〈親しい友達以外のクラスメートにゆっくり話す〉〈親しい友達以外のクラスメートの目を見て話す〉〈相づちをうつ〉〈目を見て聞く〉〈新しい友達のことを考える〉で，2組は〈話し方に変化なし〉〈友達に変化なし〉でした。「1組の児童は，話し方が上手になったばかりか，聴き方も上手になり新しい友達のことを思えるようになった」ということが示されました。学校生活の質という量的データと，児童相互の質的データとその分析を組み合わせることにより，客観的で具体的な変化のプロセスが明らかになったのです。

　教師や教師を目指す人は，量的研究法・質的研究法・混合研究法のそれぞれの良さを理解し，データを示しながら，教育における児童生徒・担任教師の変化を示すことが重要です。多くのデータを示すということは，科学的根拠（エビデンス）を示すことです。

第6節　文献研究

(1)文献研究の目的

　文献研究とは，先行研究を調べることです。文献研究には，二つの目的があります。「リサーチ・クエッションの確定」と，自分の研究結果とそこから導きだされた「考察に理論的裏付けや独自性を示すため」です。「リサーチ・クエッションの確定」については，すでに第3節で述べているので，「考察に理論的裏付けや独自性を示すため」の文献研究について述べます。

　文献研究は，「考察に理論的裏付けや独自性を示すため」に行います。それは理論のトライアンギュレーションを行うことです。つまり，質的研究法の客観性を担保出来ます。研究結果から述べられた考察を，他の人がすでに言っているならば，引用して裏付けとします。同様のことを述べていなければ，そこに独自性があります。

場合によっては，学校教育以外の産業心理学や集団形成等の他領域からの文献研究となることもあります。文献を読まなければ言葉やアイデアが浮かんでこないし，考察が深まりません。最初はいっぱい読んで混乱すると思いますが，研究論文を論理立てて書いていくうちに，頭の中で整理され，問題と目的に入れるべき文献，考察に入れるべき文献と自然に定まってきます。

(2)文献研究の方法

　インターネット文献探索の CiNii を使うと便利です。キーワードをいくつか入れて検索します。たとえば「学級経営」「学級開き」などと入れると，関連論文が出てきます。文献には，高いレベルの査読論文と査読のない論文があります。一般的に○○学研究，○○研究は学術誌の査読論文です。大学の紀要は次のレベルになると考えます。高いレベルの論文とは，複数の研究者によって認められたものです。研究論文を書く場合，裏付けとして説得力があります。近年の文献を調べるには，「出版年：新しい順」で見ます。

　国立研究開発法人科学技術振興機構（JST）が構築した「科学技術情報発信・流通総合システム」(J-STAGE)は，電子ジャーナル出版を行っています。学協会（学者・研究者たちが互いの連絡，知識や情報の交換，研究成果の発表のために組織した団体の総称）が発行している学会誌，論文誌を電子化し，インターネット上で公開しています。日本の科学技術研究を国際的なレベルに保ち発展させていくために，優れた研究開発成果を世界に向けて発信する目的で作られました。レベルの高い論文が多いと思われます。

　もちろん手に入らない貴重な文献はたくさんあります。学会が電子版を作っていない場合もあります。古典となっている基本となる文献もあります。図書館に行きましょう。国立国会図書館に依頼して，コピーを取り寄せることも可能です。

引用文献

秋田喜代美(2010)「教育・学習研究における質的研究」秋田喜代美・藤江康彦編『はじめての質的研究法　教育・学習編』東京書籍

Dnezin ,N.K.(1989)*Interpretive interactionism.*. Thousand Oaks:Sage.

Flick(2007)*Qualitative Sazialforschung* 小田博志監訳(2013)『質的研究入門』春秋社

石井秀宗(2008)「仮説検証型検証」下山晴彦・能智正博編『心理学の実践的研究方法を学ぶ』新曜社

下山晴彦(2008)「何のために研究するのか―研究の目的と方法」下山晴彦・能智正博編『心理学の実践的研究方法を学ぶ』新曜社

第7節　データ収集

(1)研究協力者の背景・属性の収集

研究論文と実践本の違いは，科学的根拠(エビデンス)を明らかにしているかいないかだと思います。したがって，研究協力者や標本データの背景を記録することは，科学的根拠として重要な要素になるでしょう。

研究協力者の地域や学校・学級の風土，担任教師，児童生徒が異なれば，教育も異なってきます。農村地区か都市か，学校の統廃合等の問題も教育に影響すると思います。担任教師の年齢・教師歴・教育観，学級の男女数，個別支援を必要とする児童生徒の数，学級目標等，一つ一つ丁寧に記述します。面倒と思うかもしれませんが，研究論文にしたときに，担任教師や教師を目指す人の参考になるように，実践の前提を示します。読者が学校関係者でなくても理解できるよう，研究協力者の背景・属性について記録することが必要です。

量的研究の大規模調査では，データの収集が大切になります。都市部や地方もできるだけ全国に散らばるように収集することが望ましいのです。教師の場合，全国調査をすることは少ないので，質的研究のように地域や学校・学級の風土・担任教師・児童生徒を記載すると読み手にとって参考になると思います。量的研究の大規模調査で見えなかったところは，質的研究によって補うことになります。

(2)データの収集法

教育の研究目的の一つは，効果を明らかにすることです。教育の効果は，成績がよくなった，欠席が少なくなったというだけのものさしでは，測ることができません。教育の研究には，学級をフィールドとした日常の児童生徒・担任教師・その他相互のデータ収集が重要といえます。そして，データは研究者の意志を超えた，他者と共有できる研究の土台となるものです。

児童生徒が，仲良しグループを超えて助け合うようになったとか，児童生徒が緊張から解放されて笑顔が増えたとか，周りのゴミをすすんで片付けるようになった等，予測した効果を超えたものがたくさんあります。児童生徒同士や担任教師との関わり，担任教師以外の教師との関わり，教室環境の変化等，データの収集と分析が必要となります。

データ収集の方法として，大きくわけて面接法・観察法・質問紙調査・文章資料があります。また，記録されたものが数字や数量ならば量的データ，「ことば」によって記述されたデータならば質的データといいます。録画や録音なども質的データです。「厚い記述」のためには，データの収集法を組み合わせることが必要です。「厚い記述」によって，データの言葉と行動の意味を深く理解し，他の人にわかりやすく伝えることができると思います。

表2-7に研究におけるデータ収集法をあげました。

表 2-7 研究方法におけるデータ収集法（鈴木，2005 を基に筆者改変）

面接(インタビュー法)：口頭データ収集

- 個人面接

  調査者と回答者が 1 対 1 で対面して聴取を行う

- 集団面接（グループインタビュー）

  - フォーカスグループ

    共通する問題を抱える対象を一度に複数名集めて聴取を行う

  - ブレーンストーミング

    複数の対象者が一度に集められて，他の意見を批判しないというルールの下，共通するテーマについて自由に意見を出し合う

質問紙

- 面接における質問の構造と同じで，質問項目の構造によって，構造化質問紙，半構造化質問紙，非構造化質問紙がある（表 2-8 を参照）

観察法：視覚データの収集

- 参与観察

  観察者がフィールドに関与し，同一化することを通してフィールド内部の知識を獲得する。ただし，客観的な視点を持つことも研究する上で重要である

- 非参与観察

  観察者がフィールドの一部として関与しない

- 写真や映像を用いた間接的な観察

文章資料

- 学級通信や学校の内規，掲示物等

表 2-8　面接における質問の構造（鈴木，2005）

構造化面接

　質問の内容，順序，回答方法が完全に決定されており，標準化されたデータを聴取することができる

半構造化面接

　大まかな方向性を決めたインタビューガイドに従って質問が行われ，対話の流れに合わせて質問を変化させることができ，柔軟にその意見を聞き取ることが可能となる

非構造化面接

　質問内容が決められておらず，自然な会話などの中から問題点を探っていくことができる

(3)面接法(インタビュー調査)

　特定の個人や集団に対面して言語を用いて情報を収集する方法です。面接法の利点は，研究協力者の表情やしぐさなど非言語コミュニケーションも収集できることです。また，研究協力者の疑問にも答えることができるため，回答の理解が深まるのです。質問の仕方によって，構造化面接と半構造化面接と非構造化面接に分けることができます。表 2-8 は，面接における質問の構造です。

　質的研究法では，半構造化面接がよく用いられます。質問項目が大きく設定されているため研究協力者の同意を得やすく，答えてもらいやすいのです。研究者が，明らかにしたいことに焦点を絞って質問するので，回答を発展させやすいという面もあります。

　研究者は，研究協力者が話しやすい雰囲気作りをする必要があります。その一つとして，研究者が知らないことを話題にする方法があります。研究協力者は，研究者が知らなければ，教えよう，伝えようと努力してくれます。また，研究者は，質問項目について，いろいろな表現案を考えておきます。「学級はどんな様子だったのか」「学級に何が起こったのか」等相手に合わせて表現を変えます。一般的にはオープンエンドな質問が基本です。オープンエンドな質問とは回答を自由に答えることができる設問で，たとえば，「お気付きの点を教えて下さい」「どうでしたか」等です。質問例を表 2-9 に示します。

表 2-9　質問の具体例

内容面の質問	具体例	発言を促す	具体例
事実	この学級をどのように経営したいのか，説明してください 今日の授業をどのように進められたか説明してください	詳述を促す	もうちょっと詳しく話してください どのように言ったのですか
意見	・・・についてどう考えますか そのとき児童生徒はどのように考えていたと思われますか どういうことが起こって欲しいと思いますか	続行を促す	続けていただけますか それから何が起こったのですか それは興味深いですね
感情	どのようなお気持ちになりましたか	明確化を促す	もう少し説明してください。 つまり，・・・ということですか
感覚	あなたが4月の学級開きから1年が終わって何が見えるのか教えてください 先生は，これを実際にはどう思われていますか	語りきってもらう	それにはわけがあるということですか その後は，どうなりましたか
研究協力者の背景	年齢・経験年数等を教えていただけますか 自分をどんなタイプの教師だと思いますか	確認を促す	そのことは●●ということですか そのことは〇〇という可能性があるということでしょうか

関口(2013)をもとに筆者改変

しかし，その質問では答えられない人もいます。場合によっては，「悲しい気持ちになりましたか」「楽しそうでしたか」と確認をする質問をします。Willig(2001)は，面接では，一貫性と継続性が重要であると述べています。質問のいくつかの表現案を持つことにより，研究協力者に合わせた質問ができ，一貫性や継続性が維持できます。また，最初に質問すると研究協力者によっては，どんどん話してくれる人もいます。違う方にそれてしまってもよしとし，流れをみて質問します。

個人面接か集団面接かはプライバシーの問題もあり，研究協力者が答えにくい質問の場合は個人面接となります。

他の方法と同様，研究者と研究協力者の信頼関係が重要です。研究協力者に影響や圧力を与えないようにします。また，回答に矛盾が生じても追求しない等配慮が必要です。面接法を実施する場合も，倫理的配慮を忘れてはいけません。

(4)観察法

人々の行動や相互作用を観察することによって，その環境に根づく文化や日常生活の意味を理解すること，これは旅行者の多くが行っていることです。また，質的研究者が行うことでもあります(Girbich,2003)。観察法は，日常生活の中で誰もがやっていることです。教師にとって，観察法は簡単に行える児童生徒理解でもあります。

しかし，研究者が何を観察するかによって，データの質と量が異なってきます。別の言い方をすれば，データは研究者のセンス・主観に拠っています。

具体例を示します。教師を目指す学生が4月から小学校の教室に入り，3日間の学級活動を観察しました。学生の入った学級の担任教師は，おとなしい先生でした。学生は大学の授業で学級開きを学んでいました。学生は演出効果のある授業開きのイメージを持っていたため，担任教師は「学級開き」をしなかったといいます。しかし，指導教官は学級開きをしていたといいます。おとなしい先生の学級開きを観察しきれていないのです。

1)何を観察するか

学級集団や担任教師・児童生徒を一つひとつ観察し，観察したことを記録し，まとめるのが観察法といわれるものです。では，何をどのように観察したらよいでしょうか。たとえば，欠席が多かった生徒の欠席が少なくなったのですが，学校で良い友達と，または，悪い友達と親しくなっていたからということが後になってわかりました。問題や問題の要因となることは，その場ではわからないのです。どうしたらよいのでしょうか。とにかく記録することです。記録した後で，つなぎ合わせる作業をします。重要なことは「厚い記述」です。細かく書くという意味でなく，対象者のふるまいを時間的な流れの中で記述すること，また，観察された行為をその場の状況とともに記述することです(Denzin,1989)。学級の様子や，児童生徒の変化を深く理解し，他者に伝わるように，記録することが必要です。

具体的には，表2-10 観察の視点を目安にしてください。

表 2-10　観察の視点

	観察視点
誰が	教師のだれが　児童生徒のだれが　など 教師・児童生徒らの特徴と役割
何をどのように	その場で起きていること その行動はどのような行為で規則性があるか その行動のバリエーションがあるか
どこで	その相互作用はどこで行われているか
いつ	その相互作用はいつ行われたか どのようなタイミングで行われたか
なぜ	その場にいる教師・児童生徒らはなぜそのやり方をするのか なぜその行動にバリエーションがあるのか(これを知るためには面接調査が必要 となるであろう)

LeCompte,Preissle & Tesch(1997) をもとに筆者改変

2)「データを洗練するための解釈」と観察ポイントの関連

　会議や会話，担任教師と他の教師のやりとり，担任教師と児童生徒，児童生徒同士のやりとり等観察したことをメモにします。これがフィールドメモです。ポケットに小さなノートとペンを入れて，書き留めます。走り書きでよいのです。個人が特定されないように仮名にするかアルファベットにします。「学校公開日で教室に来客が多い」「A(担任教師)が，特別支援教室から遅刻してきた児童 B に小さな声で話す（何を　なぜ　　　　）」「職員室で特別支援の先生が A に，B は来客が多くて教室に戻れなかったと話す」こんな感じでできるだけ書き留めます。教育実習生は，実習記録を書いて提出しますが，フィールドメモは自分の研究テーマに沿って，もっと「厚く」記録したものになります。

　家に帰り，フィールドメモを眺めます。筆者は，二つのデータ解釈があると考えます。研究論文を書くためのデータ解釈と，それ以前に，データ収集中フィールドメモを概観し「データを洗練するための解釈」です。学級や学校で起こっていることは，実習生には目的や理由がわからないことが多いのです。研究論文を書く以前に，リサーチ・クエッションとの関連を判断し，データを洗練するための解釈が必要です。

　図 2-2 に「データを洗練するための解釈」と観察ポイントの関連を示しました。記録したことを通して問題の因果関係を頭の中で考えるのです。または，事情がわかる先生に「こんなことがありましたがなぜですか」と聞いてもよいです。学校現場の中で，どうしてだろうと考えます。つまり，「データを洗練するための解釈」をします。すると，研究テーマに沿って観察ポイントが狭まってくるでしょう。漠然としていた記録を「データを洗練するための解釈」によって，問題に関連ありそうな観察へと焦点をしぼることができます。

　焦点を絞りすぎないように緩やかに絞り，関連のありそうなことは，とにかく記録します。観察する視点は，「誰がどのような状況でどのような方法でどうしたか」です。その際，目的がわからない場合は

（なぜ　　　　）としておきます。そして，日時も書いておきます。毎時間を観察することは無理です。教師も実習生も忙しいのです。1日1時間ぐらいでもよいので，実習中，リサーチ・クエッションや研究テーマに沿っていろいろな場所・時間で記録します。

図2-2　「データを洗練するための解釈」と観察ポイントの関連

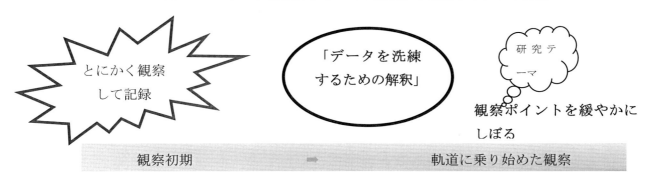

下記は，ある学生の観察記録(A7　74×105mm サイズフィールドメモ)です。

<4月8日>教育実習2日目
朝の会。6年生の実習指導教官のA担任は大きな声はあまりださない。Aはいろいろな児童とヒソヒソと話している（なぜ　　　　）。Aは落ち着きのない児童Bを号令係にした（なぜ　　　　）。Bは号令係を大きい声でやる。職員室では，先生方は，クラスの児童の様子を他の先生によく話す。2年生の担任教師は，隣の先生に「児童が，給食に出た甘夏の皮がむけなくて，全員分をむいたが酸っぱくてほとんど食べなかった」と言う。隣の先生は「うちもそうだった」と言う。職員室の端にいたA（給食主任）が「栄養士にいっとくわ」遠くから声をかけた。Aは学年主任と，号令係のBの様子をよく話している。Aはスクールカウンセラーにも話している（なぜ　　　　）。Aにスクールカウンセラーと何を話していたか聞くと「BがADHD傾向で，その対応をSCに聞いていた。他にもクラスには困難を抱えた児童が複数いる」と答える。クラスには適応指導教室に通うC，特別支援教室に通うD，学校を休みがちなE，Fがいた。
【データを洗練するための解釈】自分が配属された学級は，他の学級に比べ困難を抱えた児童が多いことがわかり，困難を抱えた児童と担任教師に焦点をしぼって観察する。しかし，それだけではなく，関連しそうなことは，観察することにする。
<4月10日>1時間目　Aは，席替えをした。号令係のBの隣を仲のよい児童Gにした。
　Bはふざけて号令係をやらない。Aは，Bに話しかける。そして，Gにも側にいって声をかけている。Gはうなずく（なぜ・なにを？　　　　）。AはB，Gを生活班も一緒にした。B，Gは生活班の仕事も一緒にやるようになる。
　クラスに別の学級の児童がBの所に遊びにくる。Bは笑いながら別の学級の児童と話す。その友人達がくるとBの周りからクラスメートがいなくなる。女子グループが体の向きを変えて嫌そうな顔をする（なぜ？　　　　）。特別支援教室から戻り教室に入りづらそうにしているDに，児童Hが声をかける。Dは教室に入る。

最初は，意味もわからず担任教師と児童の出来事をメモしていますが，フィールドワーク中にデータを洗練するための解釈を行い，データの収集を的確に行えるようになってきます。そして，担任教師が決めた座席について疑問を持ってからは，その後の児童の様子を観察します。これらは「データを洗練するための解釈」による実践研究者の洞察といえます。「データを洗練するための解釈」をすると，より研究テーマが明確になり洞察力が高まるのです。

(5)観察法の種類とアクションリサーチ

観察法には，参与観察と非参与観察があります。参与観察とは研究対象である社会や集団に調査者自身が加わり，生活や活動に関わりながら観察を行い，データを収集する方法です。非参与観察とは，第三者として調査対象を観察することです。授業参観など教室の後ろでメモを取りながら観察する等，調査対象に関わらない観察方法です。

学校教育の研究の場合，学級・学校がフィールドワークの場となります。箕浦(1999)は，フィールドワークを「人と人の行動，もしくは人とその社会および人が作り出した人工物(artifacts)との関係を人間の営みの文脈をなるべく壊さないような手続きで研究する」と定義しています。さらに，参与観察の一つの方法に，アクションリサーチがあります。アクションリサーチとは，研究者が現場の問題解決を行いながら，研究することです。担任教師が自分の実践を研究する場合，アクションリサーチとなります。教育実習生や担任教師が研究者となる場合，人間の営みの文脈を壊さないような手続きは，難しい場合も多いようです。

(6)録音録画機器について

ビデオカメラやレコーダーは記録ツールとして便利な機械です。何度も再生可能で，多くの情報を得ることができます。映像・音声の録画録音は，可能ならば了解をとって行います。しかし，撮影されることによって，はしゃいだり，緊張したりして特別なかかわりをする児童生徒もいます。カメラの位置によって見えなくなる児童生徒も出てきます。観察者は，録画録音機器だけに頼らず，自分の目で見て，耳で聞いて感じたことをフィールドメモにすることが重要です。

(7)質問紙法について

質問紙法とは，テーマとしていることがらについて，質問紙を用いて結果を収集する方法です。質問紙から得られる情報は，回答者の記述に限定されます。質問紙法の長所は，個人ばかりでなく，集団でも一斉に実施できること，手順を統一できることです。

質問紙法には数量化された評定尺度法質問紙と，数量化されない質問紙があります。評定尺度法質問紙については，いくつの選択肢にするか迷うところです。「よかった」「普通」「よくなかった」の3択の場合3件法といいます。5件法，7件法などがあります。これらはリッカート法と呼ばれ，態度について，積極的賛成から反対まで複数の短文を研究協力者について，提示していずれに当たるか測定する方法です。リッカート法の選択肢の研究では5件法が最もよいとされています（脇田・野口，2008）。また，研究協力者の答えやすさが重要となります。

質的研究法では，数量化されない質問紙が用いられることが多いようです。ここでは数量化されない質問紙について述べます。

質問紙の質問項目によって，構造化質問と半構造化質問と非構造化質問に分けることができます。構造化質問は，あらかじめ選択肢をつくり回答者に選択してもらいます。非構造化質問は，回答を自由に記述してもらう方法です。半構造化質問は，一定の質問項目を決めてその中で自由に記述してもらいます。たとえば「学級について，あなたの意見や考えを自由に記述してください」は，非構造化質問となります。学級について，「クラスメートとの会話について」「班活動について」「担任教師について」と一定の質問項目を決めてその中で自由に記述するものを半構造化質問といいます。一般的に半構造化質問の方が答えやすくなります。質問項目は，リサーチ・クエッションに沿って決めていきます。

(8)文章資料

学校では，教師・児童生徒・保護者あてにいろいろな配布物が配られます。また，学校外においても，学校に関わるデータやニュース，法律があります。これらは自分の研究を客観的に裏付ける基になります。たとえば，いじめ防止対策推進法の公布後，各学校でいじめ防止のための計画書がつくられました。また，警察庁は，いじめ加害者として補導された児童生徒数を発表しています。学級におけるいじめ予防の研究をするならば，いじめ防止対策推進法，いじめ防止のための計画書，補導された児童生徒数が文章資料となります。文章資料は，研究論文の「問題と目的」や「考察」の裏付けとなるため，並行して集めておきます。

(9)データの文章化：トランスクリプト

データを文章化することを，トランスクリプトといいます。トランスクリプトとは，写しという意味です。フィールドメモ，質問紙法，面接法の他にデータはたくさんありますが，文章化したものがフィールドノートです。いつ・どこで・だれが・どのようにということや臨床像も書きます。臨床像とはその人の服装や体型や雰囲気です。コンピューターに入力し文章化します。できるだけ，気持ちや記憶が鮮明なうちにフィールドノートを作ります。仕事で大変でも，眠たくても文章をデータとして残します。書くことにより，実践研究者の，なぜという疑問に「かもしれない」と答えがでてきます。新しい疑問が増えることもあります。文章化することにより，さらに「データを洗練するための解釈」ができるようになります。トランスクリプトは，研究論文執筆のための基本データとなります。フィールドメモ，質問紙法，面接法それぞれ別々に作成してもよいし，一緒にしてもよいです。自分のやりやすい方法でよいのです。大切なことは，文脈を明らかにするため日時を記入することです。その過程でいらないエピソードは保留となり，必要なエピソードが明確になる。文脈としてつながった文章ができます。

担任教師が児童生徒を学級全員の前で指導したのか，職員室で指導したのか，廊下で指導したのか，児童生徒にとっては大きな意味があります。全体の文脈を伝えてから細部を伝えます。したがって，データ収集の日時，場所，研究協力者の態度，出来事の順になります。さらに，フィールドノートをまとめながら，考察が浮かべば，それをメモしておくと論文が書きやすくなります。

実は，学校現場では，多くの教師は，個人的に自分の指導を文章化しています。つまり，フィールド

ノートを作っているのです。自分の指導を客観的に保つために，またトラブルとなった時の証拠として，フィールドノートを作っています。場合によっては，個人的に文章化されたものが，管理職や教育委員会へ提出されます。川崎市の中学一年生の殺害事件でも，担任教師の保護者への対応，家庭への電話連絡，家庭訪問等の記録が公開されました。つまり，個人のノートが公開されたのです。

(10)資源（能力・経験・人・時間）

能力・経験：教育に関する研究者が学校現場のすべてを知っているわけではありません。また，質的研究法，量的研究法のすべてを理解している研究者は少ないと思います。したがって，自分で先行研究や研究方法を調べ自分の能力を高める必要があります。担任教師と児童生徒の関わりを理解し考察するには，学校現場で起こっていることへの意味づけができるようにする必要があります。そのためには，経験することや自分自身で勉強することが重要であろうと思います。例として，学級経営の研究をするために欠かせない要素について述べておきます。

人：学級経営の研究を行うためには，担任教師と学級の児童生徒が必要です。そこからデータを収集するわけです。したがって，担任教師と学級の児童生徒は，最も重要な資源といえます。担任教師から研究協力の了解を得ることができずに，研究論文が書けない人も大勢います。さらに，教育や研究方法に関する指導者，研究仲間も重要な資源です。彼らは，自分の能力を補い研究にヒントを示して，客観性を高めてくれます。

時間：教師は忙しいということも忘れてはいけません。教育実習生が来てくれて助かったと思っている担任教師は少ないと思います。教育実習生が，実習後しばらくしてから話を聞きに行っても，いい迷惑です。面接法（インタビュー調査）ができないのはよくあることです。すでに，学校現場の文脈が変わっているのです。継続的にボランティアをすることで，担任教師や教師に面接法（インタビュー調査）が実施できる場合もあります。人間関係を作りながら時間の流れの中で，話を聞くタイミングを見つける必要があります。教師を目指す学生・大学院生ならば，就活もありいずれも論文の提出期限があります。時間制限のあることは当たり前であり，それを忘れずに研究をすすめなければなりません。

第8節　批判的思考

データを分析していると，「分かった」「絶対こうだ」「差があった」と，思うことがあります。しかし，よく状況を考えてみると，「この一事例においては」「この場面においては」「統計的に」という，前提があるのです。日本中の全ての教師教育実践とその児童生徒とのデータを集めることは，不可能です。一部分を全体ととらえて研究を進めると一面的な見方に陥って客観性を失います。

批判的思考（クリティカル・シンキング）とは，あらゆる物事を批判的に思考し分析することすることによって，現状から最適と考えられる結果に辿り着くための思考方法のことです。批判的思考によって「相手を非難する」よりも，自分の思考を意識的に吟味し，多面的客観的に分析を行えるのです（楠見，2011）。批判的思考があるからこそ，自分の都合のいい解釈や，論理の飛躍を防ぐことができます。そし

て，トライアンギュレーションを促進できると考えます。今回の研究を終わる時に，批判的思考によって課題を見つけることは， 次の研究への発展につながるのです。

　実践研究を進める上で，常に批判的思考を持つことは，研究倫理を持つことと同じぐらい必要なことです。

引用文献

Denzin,N.K.(1989)*Interpretive interactionism..* Thousand Oaks·Sage.

Girbich,C.(2003)上田礼子，上田敏，今西康子訳『保健医療職のための質的研究入門』医学書院

楠見孝（2011）「批判的思考とは」楠見孝・子安増生・道田泰司『批判的思考力を育む—学士力と社会人基礎力の基盤形成』有斐閣

LeCompte, M.D. & Preissle, J., Tesch, R. (1997) *Ethnography and Qualitative Design in Educational Research, 2nd edn.* Chicago, IL, Academic Press.

関口靖宏(2013)『教育研究のための質的研究法講座』北大路書房

鈴木淳子(2005)『調査的面接の技法』ナカニシヤ出版

谷津裕子(2014)『Start Up質的看護研究』学研

Willig.C.,(2001)*Introducing Qualitative Research in psychology* 上淵寿・大家まゆみ・小松孝至訳（2003）『心理学のための質的研究法入門—創造的な探求に向けて』(2003)培風館

脇田貴文・野口裕之(2008)LiKert 法における選択枝数の検討—各選択枝の尺度値の観点から—日本心理学会第 72 大会抄録

第2部第1章　教師や教師を目指す人の量的研究方法

第1部第1章の研究の意義で述べたように，教師もエビデンスを示しながら実践研究を進めることが，今後さらに求められると思います。研究者が行うような，抽象度の高い複雑な研究でなくてよいので，目の前の児童生徒と教育にかかわる人々がどのように変化したか実践研究をすることが求められようとしているのです。

量的研究方法とは数量的なデータを中心とした研究です。質的研究方法とは，数量的なデータでない，口頭，視覚，記述データに基づいた研究です。そして，混合研究方法において，量的研究法と質的研究法は対立するものではありません。第1部第2章第5節では，量的研究法と質的研究法を補い合うことにより，精緻な研究を行うことができることを示唆しました。そこで本章では，教師が学校での活用を想定した上での量的研究方法を明らかにします。また，本章では数式を用いた理論的な統計書でなく，無料の統計ソフトの利用書としています。無料統計ソフトとして HAD を用います。石井(2014)は，統計ソフトの発達に伴って，データの収集方法や分析方法について，研究者の主体性がより重要になってきており，それは，質的研究の方法にも共通することであると述べています。筆者は，同じ意見ですが，さらに，量的研究方法を理解することによって，質的研究方法の課題である客観性や一般性についても，理解が深まると考えます。

また，量的研究法には，聞き慣れない言葉がたくさんでてきます。投げ出したくなるかもしれませんが，統計ソフトを用い，データを分析して，その後もう一度，第2部第1章に戻ってください。自分の分析の理解が進むと思います。また，統計的検定(第2部1章1節参照)は，一つの目安であって全てではありません。

なお，HAD は清水裕士氏が作成し一般に公開されているものです。著作権は，清水裕士氏が持っています。統計ソフト HAD を用いた理由はエクセルに基づいた無料統計ソフトであるため，多くの教師や学生が利用しやすいと考えるからです。そして，教師や学生がエビデンスに基づいた研究ができるようにと配慮しました。HAD の使用については，清水(2016)，横田(2016)を見てください。HAD はデータが大きくなると動作が遅くなる傾向があるので注意してください。また，変数やセルの数に制限があります。

第1節　記述統計と統計的検定と統計的推定

(1)記述統計

記述統計とは手持ちの量的データの性質を明らかにするものです。具体的には，平均や分散，標準偏差などを計算します。つまり，集団の特徴をコンパクトに要約することです。たとえば，教師にとっては，A組，B組の平均点を検討する等，日常的に実践されています。なお，手持ちのデータを，第2部（量的研究の章）では，母集団と対の言葉である標本を使用し，標本データと呼びます。したがって，研究協力者のデータを，時には標本データとしています。なお，HAD の標本データ入力と記述統計の出力方法は，第2部第1章第6節に示します。

(2)統計的検定

標本データの特徴が，ある特定の確率分布（母集団）にあてはまるかどうか証明する手法です。統計的検定によって，標本データについて意味の有無を検討することです。教師が記述統計ばかりでなく，統計的検定の概略を知ることにより，学校での教育実践を説得力のあるものにすることが可能となります。ただし，統計的検定は，統計的に意味があるか検討しているだけで，現実的に意味があるかを表しているわけではありません。

(3)統計的推定

もう一つ統計的推定があります。これは，標本データから母集団を推定する方法です。区間推定と点推定があります。区間推定は，母数の真値は，本当にその区間内にあるかどうか推定することです。一般的に信頼区間95%が用いられることが多いです。

第2節　データの種類

情報量の多い順に，名義尺度＜順位尺度＜間隔尺度＜比率尺度と分けることができます。

また，データの種類によって分析方法が異なってきますので，重要です(表1-1，1-2)。

(1)名義尺度

学校では，1組，2組，3組等の組，出席番号1，2，3など児童生徒をグループ分けしています。組はA組，B組，C組でも構いません。また出席番号も1桁でも4桁でも構いません。数値は単なるレッテルや記号です。これらは，同一性を示すものです。加算減算はできません。

(2)順位尺度

学校で言えば，成績の順位が最も典型的です。順位は表しているがその差を表していません。数値は，関係を表しているだけで，数量的意味がなく加算減算はできません。

(3)間隔尺度

温度や知能指数，学校でいえばテストの得点です。間隔の価が等しく，順位の概念の他に，値の間隔という概念が加わります。具体的には，合計や平均値が可能です。

(4)比率尺度

長さや重さなどです。原点0が決まっています。したがって，測定値間の倍数関係（比）を問題にすることが可能です。具体的には，合計や平均値が可能です。

下記に，本章に記載されている分析方法を示します。

表1-1　尺度水準と本章に記載されている分析方法

尺度水準	本章に記載されている分析方法
名義尺度	第2部第8章
順序尺度	第2部第7章
間隔尺度	第2部第2,3章，第4章，第5章，第6章
比率尺度	

表1-2　本書およびHADで用いられる分析および検定方法

検定	尺度	対応がある場合		対応がない場合	
		2変数	3変数以上	2変数	3変数以上
パラメトリック	間隔・比例	t検定 (同じ組)	F検定量　被験者内 (同じ組が3回以上)	ウェルチのt検定 (異なる組)	F検定量　被験者間 (異なる3組以上)
			多重比較		多重比較
ノンパラメトリック	順位	ウィルコクソンの符号付き順位検定，	フリードマンの検定	マンホイットニーのU検定	クラスカル・ウォリスのH検定
			多重比較		多重比較
	名義	χ^2検定 フィッシャーの直接確率計算法			

第3節　統計的検定の考え方

(1)独立(説明)変数と従属(目的)変数

変数とは，測定対象ごとに異なる属性を示します。独立変数とは，条件となる変数です。HADでは説明変数と呼ばれます。従属変数とは，結果の変数です。HADでは目的変数と呼ばれます。例えばAを行うことにより，Bが変化します。この場合Aが独立（説明）変数で，Bが従属（目的）変数です。

(2)帰無仮説と対立仮説

統計的検定とは，標本データの特徴が，ある特定の確率分布（母集団）に，あてはまるかどうか証明する手法であると述べましたが，その際，仮説をたてます。例えば「A組の小学生は学力調査の結果が平均点70点だった。B組の小学生は学力調査の結果が平均点75点だった。B組の小学生は優れていることを証明」したい。そのために「AB組の小学生の学力に差がない」という帰無仮説をたて，検定を行います。「帰無仮説」とは，否定されることを前提とした統計的検定のための仮説です。「AB組の小学生の学力に差がある」という仮説を「対立仮説」といいます。

前述例で具体的な方法を示します。ここでは，有意差や帰無仮説の概観を述べますが，イメージとして理解していただきたいと思います。AB組の小学生の学力調査では，児童それぞれの平均点の差を出し，そのようなことが偶然に起こる確率を計算します。その確率が小さければ統計的に意味が有り，統計的検定のための帰無仮説「AB組の小学生の学力に差がない」ということが棄却されます。「帰無仮説」が棄却されることによって，初めて「AB組の小学生の学力に差がある」という対立仮説が支持されます。つまり，有意な差で「AB組の小学生の学力に差がある」ということです。無に帰される仮説として「帰無仮説」といいます。有意な差を有意水準といいます。

(3)統計的検定と有意水準

統計的検定とは，標本データの特徴が，ある特定の確率分布（母集団）に，あてはまるかどうか証明する手法であると述べました。標本に基づいて判定するのです。有意水準とは，統計的検定を行う上での，最終的な判断方法です。標本データの特徴から，母集団にも当てはまるかどうか確率を検討するものです。

標本データから，一定以上の値が得られる確率を有意確率またはp値といいます。

通常，下記の基準が用いられます。

> 5％水準 $p<.05$
> 1％水準 $p<.01$
> 0.1％水準 $p<.001$（HADでは，表記されない）
> $p>.05$ は有意差無し表記は n.s.

5％水準とは，そのぐらい起きる確率が低いので，帰無仮説を棄却してもよいと考えるのです。0.1％水準とは，さらに起きる可能性が低いということです。小学生の学力の検定でいえば，「AB組の小学生の学力は差がない」という帰無仮説は，5％水準の有意差で，棄却され，平均値をみてB組の小学生の学力は高い可能性があるということになります。

有意確率を，危険率ともいいます。それは数百回数千回のうちに起きる可能性があるので，誤る可能性があるという意味で危険率ともいいます。

(4)「帰無仮説」の２つの統計マジック

白鳥を10000羽集めます。実際には黒い白鳥は１羽あるかないかです。この10000羽の白鳥について，「白鳥は白い」という仮説を証明する場合，「白鳥は白くない」という帰無仮説は棄却される可能性が高いです。つまり，「白鳥は白い」という仮説が支持される可能性が高いです。ここでは「白鳥は白い」という仮説は正しいように思われますが，本当は帰無仮説が正しいのにそれを誤って棄却してしまうこともあります。これを第１種の誤りといいます。

一方，５羽の白鳥について，「白鳥は白い」という仮説を証明する場合，「白鳥は白くない」という帰無仮説が棄却される可能性はとても低くなります。本当は対立仮説のほうが正しいのに誤って帰無仮説を保持してしまう誤りを第２種の誤りといいます。有意水準を求めれば「帰無仮説」は棄却されます。つまり，標本データが大きくなればなるほど，母集団に近づくので，「帰無仮説」は棄却されやすくなる特徴があります。

また，５羽の白鳥の中に，たまたま黒い白鳥が１羽いました。そうすると有意差がなければ「白鳥は白くない」という「帰無仮説」は棄却されません。棄却されないからと言って，「帰無仮説」の内容が正しいとはいえません。つまり，「帰無仮説」はあくまで統計的検定のための仮説です。

「帰無仮説」はあくまで統計的検定のための仮説であり，「帰無仮説」が棄却されなくても帰無仮説が正しいとは言えません。有意な差がなかっただけで，帰無仮説が肯定も否定もされない中途半端な状態を意味しています。上記でいえばA組，B組は判定されない状態です。

(5)パラメトリック検定とノンパラメトリック検定

パラメトリックとは，母数（パラメーター）という意味からきています。パラメトリック検定とは，母数が何らかの分布を具体的に仮定し確率を検討し，仮説検証を行う検定のことです。ノンパラメトリック検定においては，原則母数（パラメーター）に対する前提を仮定していません。各データの大小の順位を利用します。母集団がどのような分布をするか分からない場合があります。パラメトリック検定を利用することが不適切であると判断されノンパラメトリック検定が用いられます。ノンパラメトリック検定は，包括的な検定といえます。

第４節　妥当性・信頼性の高い尺度の活用によって，実践研究へ

現在，妥当性・信頼性が検証されたいろいろな尺度が作られ使用されています。CiNii検索で，「尺度」「児童」「生徒」をキーワードに学術誌に記載され引用の多いもので検索すると，児童・生徒用相互独立性と相互協調性の発達的変化尺度(高田，1999)や小児抑うつ尺度(Children's Depression Inventory)日本語版などがあります。また，CiNii検索で，「尺度」「児童」「開発」のキーワードで2007〜2016年の10年間で，検索すると59出てきます。つまり，近年59もの児童に関する尺度が開発されています。学習観尺度(2002)や学校生活スキル尺度(飯田・石隈，2002)などが，心理測定尺度集Ⅰ〜Ⅵに記載されています。これらは，妥当性や信頼性が検討されているばかりでなく，平均値や標準偏差値も掲載され

ています。したがって，教師がこれらの尺度を用い児童生徒に実施し，HAD 等で平均値や標準偏差値を算出し，尺度集に記載されているものと比較すれば，標本データが少なくても現状が把握できます。信頼性妥当性が明らかになった尺度を使用すれば，一人の児童のデータでも一般化できるということです。さらに，何らかの実践を行い，有意差を検討することにより，一つのエビデンスができます。つまり，実践が，実践研究になるのです。是非，妥当性・信頼性が検証された尺度を活用していただきたいと思います。

第5節　基本用語の説明と使用される記号

　ここでは，統計で使用される基本的な用語を説明します。その後の説明が理解しやすくなると考えます。数が多いので，データを処理してから，用語や記号を確認してもよいです。また，記号については，学会等のルールによって異なるので注意してください。

(1)図の種類
1)ヒストグラム（度数分布図）
縦軸に度数，横軸に階級を取ったもの。度数分布表を棒グラフにしたものです。

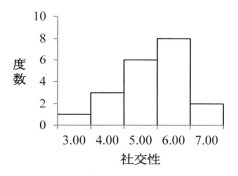

2)散布図
縦軸横軸にそれぞれの変数をとり，標本のデータを点（プロット）で表したものです。

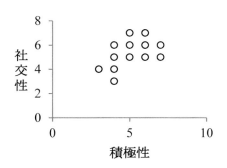

(2)代表値

1)平均値　（母平均，標本平均：M）

平均値＝個々の標本の和/標本数

$$(100+0)/2＝50：平均(M)$$

2)偏差　（D）

偏差＝個々の標本－平均値

A 教科得点		偏差
100	－50＝	50
0	－50＝	－50

3)分散(標本分散)　（S^2）

　個々の数値から平均値を引き平方和を求め，その平均を出すことで散らばり具合の大小を表します。たとえば，AB 組テストが平均点 50 点だとします。しかし，A 組は 0 点と 100 点の人がそれぞれ 50% いたとします。B 組は 0 点 100 点の人はいなかったとします。そうすると平均値だけの表示では，読み切れないものがあります。そこで分散(標本分散)が求められます。分散(標本分散)は次の式で表すことができます。記述統計の値です。

　　　　分散＝(個々の標本値-平均値)×2 乗の和/標本数

A 教科偏差	
50^2	2500
$(-50)^2$	2500
平均　　分散(S^2)：2500	

4)標準偏差　（SD）

　分散は，2 乗しているため単位が平均値とそろいません。そこで，$\sqrt{}$ することにより，一辺として平均値と単位をそろえわかりやすくします。標準偏差は次の式で表すことができます。

　　　　標準偏差＝$\sqrt{分散}$＝$\sqrt{(個々の標本値\text{-}平均値)×2 乗の和/標本数}$

$$\sqrt{2500}＝50：標準偏差(SD)$$

5)共分散

共分散は，偏差を掛け合わせたものの平均です。

A 教科偏差	B 教科偏差	
$(100-50)×$	$(50-50)=0$	0
$(0-50)×$	$(50-50)=0$	0
	共分散 0	

6) 相関係数　（*r*）

相関係数は共分散/(A 教科の標準偏差×B 教科の標準偏差)です。

相関係数 0＝0/(A 教科の標準偏差 50×B 教科の標準偏差 0)

相関係数は－1～1 の値になります。相関係数の大きさの評価は下記のようになります。したがって，

相関係数の大きさの評価

相関係数の絶対値	
0.0～±0.2	ほとんど相関なし
±0.2～±0.4	やや相関あり
±0.4～±0.7	中程度の相関あり
±0.7～±0.9	強い相関あり
±0.9～±1	非常に強い相関あり

A 教科と B 教科では，相関係数.707 で中程度の相関があり何らかの関連があることが考えられます。

7) 信頼区間

真値(測定値＋誤差)が，どの範囲にあるか表す方法です。一般的に 95%信頼区間を想定します。母集団の真の平均値（母平均）はわかりません。信頼区間を設けることにより，母平均が含む範囲を表します。たとえば 90 点±2 点としたら，真値は 95%の確かさで 88～92 点の間にあるということを意味しています。

8) 外れ値

集団の中に存在するが，全体の傾向を大きくかえるもので，ヒストグラムや散布図を書くことによりわかりやすくなります。

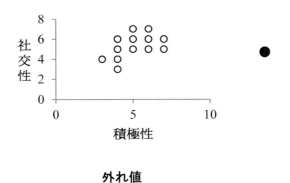

外れ値

●は外れ値に当たります。外れ値は，全体の傾向とは異なる値です。外れ値は，研究目的によって取り扱いが異なります。

9)自由度 （*df*）

自由に決めることができる値の数をいいます。なお南風原（2002）は，「自由度は実験・調査のデザインや検定する仮説で決まる数値であり，得られるデータによって変動するものではない。つまり，自由度はデータ自体の内容的特徴をあらわすものではなく，どういうデザインでデータを収集したか，そしてそのデータについてどのような仮説を検定するのかという形式的特徴を反映するものである」と述べています。詳しく知りたい方は，成書をごらん下さい。

10)標本データ数 （*n*）

標本データ数とは，標本数のことです。統計学は一般的に，標本数が大きくなると有意差が出やすい傾向にあります。したがって，必ず標本数(*n*)を記載します。

11)効果量

芝・南風原(1990) は，「効果量を用いれば，単位の異なる変数を用いた研究の間でも，実験条件の効果の大きさを互いに比較することができる」と述べています。つまり，統計的検定では，標本データが多くなると有意差が出やすくなります。効果量は，*p*値も含めて，効果を検討できる指標といえます。

効果量の種類

(1) d family ：「グループごとの平均値の差を標準化した効果量」（Cohen's d, f など）， 　　　値；1 以上もあり得る (2) r family：「変数間の関係の強さ（strength of association）を示す効果量」（r^2, η^2, partial(偏) 　　　η^2, ω^2, R^2, ϕ^2 など） 　　　値：0 〜 1 の範囲 数値が大きくなれば効果も大きくなる(水本・竹内，2008)

12)標準誤差 （*SE*）

標準誤差は，母平均の推定や平均値の比較を行うとき用います。具体的には，調査結果から「真の値（全数調査をすれば得られたはずの値）は〇％の信頼度で 1800 円±50 円の範囲にあるだろう」などと標本誤差をつけて評価します。そのためには，標本抽出が無作為抽出である必要があります(統計局，2017)。

$$標準誤差(SE)=標準偏差(SD)/\sqrt{標本数}$$

分母に$\sqrt{標本数}$を持ってくることにより，母平均の推定を厳しく見積もり，誤差として表しています。図にはエラーバーとして表します。

標準偏差をもとに算出された全体の平均値と合わせて利用することで，そのデータの信頼度を検証できます。

引用文献

傅田 健三・賀古 勇輝・佐々木 幸哉・伊藤 耕一・北川 信樹・小山 司(2004)「小児抑うつ尺度(Children's Depression Inventory)日本語版作成の試み」『児童青年精神医学とその近接領域』 45(5), 424-436

堀 洋道(2001)『心理測定尺度集Ⅰ～Ⅵ』サイエンス社

南風原朝和(2002)『心理統計学の基礎 -- 統合的理解のために』有斐閣アルマ

水本篤・竹内理(2008) 研究論文における効果量の報告のために―基礎的概念と注意点―, 英語教育研究, 31

飯田順子・石隈利紀(2002) 「中学生の学校生活スキルに関する研究:学校生活スキル尺度（中学生版）の開発」『教育心理学研究』50

芝祐 順・南風原朝和（1990)『行動科学における統計解析法』. 東京：東京大学出版.

清水裕士(2016) フリーの統計分析ソフト HAD：機能の紹介と統計学習・教育，研究実践における利用方法の提案　メディア・情報・コミュニケーション研究, 1, 59-73.

高田 利武(1999)「日本文化における相互独立性・相互協調性の発達過程：比較文化的・横断的資料による実証的検討」『教育心理学研究』47

統計局(2017)統計学習を進めるために＜http://www.stat.go.jp/＞(2017年2月11日)

植木理恵(2002)「高校生の学習観の構造」『教育心理学研究』50

第6節　HADにおけるデータ入力の仕方と記述(要約統計)統計量の出力

(1)HADによるデータ入力

HADによるデータ入力を示します。

HADのデータ入力の際は必ずIDをいれます。ID番号は，通番号としてアンケート用紙に記入しておき，入力した後に確認できるようにします。入力ミスや欠損値があれば，ピリオド「.」にします。

逆転項目があれば，下記の式で変換します。

最大値+1-書かれている値

(2)HADによる記述統計の方法

記述統計の分析方法を示します。なお，HADでは，記述統計を要約統計量といいます。全ての分析に必要です。

STEP1〜3　HADによる記述統計の方法

1　データシートに標本データを入力(画面1-1)し，データ読み込みを押す

2　モデリングシートの使用変数を押す。すると分析に使用する変数がでる。必要な変数を投入する(画面1-2)

3　分析ボタンを押すと●2がでる。要約統計量を押す(画面1-3)

STEP1 画面1-1　1データシートに標本データを入力

変数名	ID	A組	B組	C組
	1	1	5	6
	2	3	4	7
	3	4	7	10
	4	2	2	7
	5	3	5	8
	6	5	7	10
	7	1	2	5
	8	2	5	7
	9	3	8	10
	10	1	5	9

データ読み込み　←押す

モデリングシート

列幅の調整

数値計算

第 2 部　量的研究法

STEP2　画面 1-2　HAD モデリングシート用変数投入

2 使用変数を押す。分析に使用する画面が出るので、必要な変数を投入する。OK を押す。

STEP3　画面 1-3　HAD モデリングシート

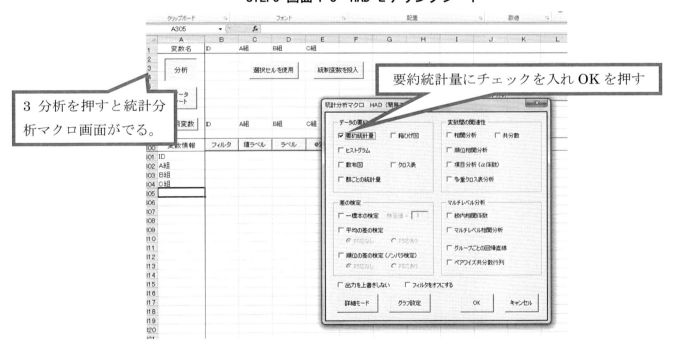

3 分析を押すと統計分析マクロ画面がでる。

要約統計量にチェックを入れ OK を押す

45

結果

記述統計分析結果を示す(画面1-4)

画面1-4　Simpleシートによる記述統計分析結果

	A	B	C	D	E	F	G	H	I	J	K	L
1												
2	要約統計量											分析コード
3				論文		論文						
4		サンプルサイズ	10			※分散は不偏分散, 標準偏差は不偏分散の平方根が出力されています。						
5												
6		変数名	有効N	平均値	中央値	標準偏差	分散	歪度	尖度	最小値	最大値	
7		A組	10	2.500	2.500	1.354	1.833	0.504	-0.468	1.000	5.000	
8		B組	10	5.000	5.000	2.000	4.000	-0.208	-0.574	2.000	8.000	
9		C組	10	7.900	7.500	1.792	3.211	-0.104	-1.259	5.000	10.000	
10												

ABC組の, 平均値, 中央値, 標準偏差等が表れ, その標本データの特徴を表す記述統計が, 示されます。

論文：最低限論文の記述に必要なところ

第2部第2章　前・後テストまたは2組のテストの比較
（2つの平均値の比較）

　「児童生徒の意欲得点は，1学期の間に変化しているのだろうか」「A組B組の得点を比較したい」そんな時に，用いるのが，統計的に意味があるか検討する2つの平均点の差の検定です。統計的検定の基礎がここに詰まっています。第2部第1章で述べたように，いろいろな言葉がたくさんでてきて自信がなくなってしまうかもしれません。しかし，2つの平均点の比較が身に付けば，後章は，検定方法が変わるだけでほとんど同じルールです。HADが難しい計算や約束事を自動的にやってくれますので，後は結果と論文の書き方を理解するだけです。自分が実践を行うときに公表されている妥当性・信頼性の高い尺度を用いればエビデンスとなり，より実践研究に近づきます。また，量的研究法には，聞き慣れない言葉がたくさんでてきます。投げ出したくなるかもしれませんが，統計ソフトを用い，データを分析して，その後もう一度，第2部第1章に戻ってください。自分の分析の理解が進むと思います。

(1)基本的な3つの考え方
　下記の3つの考え方は，統計学の基本をなしています。この基本が後章の根底にあります。
1)標本データの群の種類

> 繰り返されるならば「対応のある」といい，繰り返しがなければ「対応のない」という。

2)パラメトリック検定

> 2つの平均値の検定方法は間隔尺度であるため，基本的にはパラメトリック検定のt検定で行う。

3)偶発的な誤差の範囲による有意差　　第2部第1章第3節参照

> 2群の平均の差が「偶然生じたといえる確率は無視できるほど低い(5%の確率を用いることが多い)」場合，有意な差があるとして「帰無仮説」が棄却され対立仮説が，支持される。

(2)2つの平均点のデータの入力
標本データ数が「対応のある・ない」
　「対応のある」「対応のない」のそれぞれの事例をあげます。
　事例1：授業による変化を検討するためA組の1回2回のテストを比較します。調査日は4月と12月の2回です。これらは，繰り返しがあるので「対応のある」t検定を行います。自由度は，標本データ数-1です。
　事例2：A組とB組のテストを比較します。A組（補習実施），B組（補習未実施）のテストを比較します。これらは，繰り返されないため「対応のない」t検定を行います。自由度は，標本データ数+標本データ数-2です。

1) HADによる「対応のある」t検定
　まず，EXCELで説明します。

表 2-1 は事例 1「対応のある」，表 2-2 は事例 2「対応のない」です。

EXCEL 操作

EXCEL の t 検定の関数は，TTEST である。TTEST を実施すると p 値がでる

次に関数 TINV を出して，p 値を当てはめて，自由度を入れる

表 2-1　事例 1「対応のある」　（点）

	A 組 1 回目●	A 組 2 回目○
1	21	27
2	9	24
3	10	28
4	10	23
5	7	25
6	13	27
7	11	26
8	15	23
9	15	25
10	7	27

確率(p)　　　　5.34658E-06

=TTEST(● 1:●10,○1:○10,2,1)

2 とは両側検定

1 とは対応のある事

t 値　　　　9.527273557

=TINV(p 値,9)

9 とは自由度(10-1)

表 2-2　事例 2「対応のない」　（点）

	A 組●	B 組○
1	21	27
2	9	24
3	10	28
4	10	23
5	7	25
6	13	27
7	11	26
8	15	23
9	15	
10	7	

確率(p)　　　　5.25321E-05

=TTEST(●1:●10,○1:○10,2,2)

2 とは両側検定

2 とは対応のない事

t 値　　　　5.45875415

=TINV(p 値,16)

16 とは自由度(18-2)

確率(p)の E は指数と呼ばれるものの略で，今回の場合では「p の値 10 のマイナス 6 または 5 乗を掛けた数字」という意味です。したがって，限りなく 0 に近いという意味です。

2)HAD による「対応のある」t 検定

1. HAD による「対応のある」t 検定データの実施方法

HAD による「対応のある」t 検定データの実施方法を示します。

> **STEP1〜3　分析手順**
> 1. 標本データをデータシートに入力し，データ読み込みを押す(画面2-1)
> 2. モデリングシートの使用変数を入れる(画面2-2)
> 3. 分析を押して，平均の差の検定の対応ありをチェックいれOKを押す

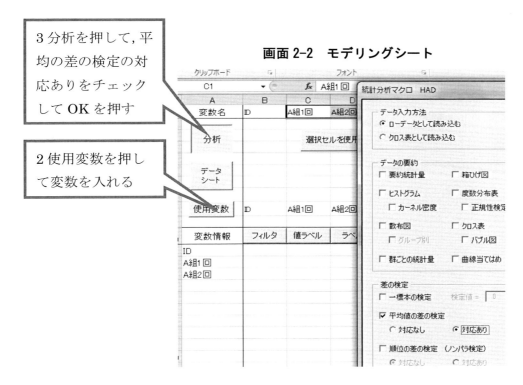

2. 結果とその見方

HADによる本事例の結果Ttestシートを示します(画面2-3)。

画面2-3　A組の1回2回のテスト結果

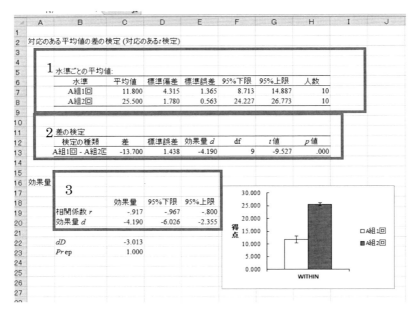

Withinとは，HADが自動的につけた対応のある(参加者内)要因

① 記述統計量(画面2-3-1)

ここでは，「95%下限 95%上限」だけ説明します。「95%下限 95%上限」は，信頼区間をいいます。真値がどの範囲にあるか表す方法です。母平均が，95%の確率でその範囲にあることを表しています。

画面1-4の95%CI下限 -5.522, 95% 95%上限-2.429は，95%の確率で，-5.522～-2.429の間に母平均が含まれていることを示しています。

② t検定結果(画面2-3-2)

t検定の結果が表されています。2つの母集団がいずれも正規分布に従うと仮定したうえでの，平均が等しいかどうかの検定の値です。dfとは自由度の略です。p値とは，有意確率を表しています。結果が統計的に有意かどうかを判断するにはp値を使用します。p値は，この値によって帰無仮説が棄却されたり許容されたりします。

本事例では，「$p<.01$」となり有意な差があるので，帰無仮説が棄却されます。具体的には，偶然に起こりにくいという対立仮説が支持されます。

③ 効果量(画面2-3-3)

2群の平均値の比較だけでは，効果を見ることができません。そこで，分布の重なりによって，効果の指標とします。次の式で表します。

d=A平均—B平均/標準偏差SC

Cohen(1969)は，d=0.2をsmall, d=0.5をmedium, d=0.8をlargeとしました。その根拠は，d=0.2

の二つの分布の重なりは 85.7%， d=0.5 の分布の重なりは 67.0%， d=0.8 の分布の重なりは 52.6%であるためです。しかしこれは目安です。

④ 標準誤差

標準誤差は，母平均の推定や平均値の比較を行うとき用います。この値と算出された平均値を併せて検討します。標準誤差が少ないほど，ばらつきが少ないことになります。

3)HAD による「対応のない」t 検定

HAD による「対応のない」t 検定データの実施方法を示します。

STEP1～3　分析手順

1. 標本データをデータシートに入力し，データ読み込みを押す(画面 2-4)
2. モデリングシートの使用変数を入れる。この時，前に従属(目的)変数，後に独立(説明)変数を持てくる(画面 2-5)
3. 3.分析を押して，平均の差の検定の対応なしをチェックいれ OK を押す

画面 2-4　標本データをデータシートに入力

	A	B	C	D	E
1	変数名	ID	学年	得点	
2	データ読み込み	1	6	39	
3		2	6	34	
4		3	6	34	
5		4	6	28	
6	モデリングシート	5	6	34	
7		6	6	34	
8		7	6	39	
9		8	6	32	
10		9	6	36	
11		10	5	39	
12	列幅の調整	11	5	35	
13		12	5	41	
14		13	5	40	
15		14	5	23	
16	数値計算	15	5	31	
17		16	5	29	
18		17	5	20	
19		18	5	37	
20		19	5	30	
21		20	5	31	
22	HAD2R	21	5	39	
23		22	5	23	
24		23	5	13	

画面 2-5　モデリングシート

(3)論文の書き方

　具体例を示しました。研究対象，その属性，調査日，検定法，検定統計量，自由度，有意結果，用いた統計ソフトとそのバージョンなどを書きます。参考にしてください。

　「研究対象，その属性，調査日」は，研究方法において既に述べられていると思いますので，記載の必要がないと思います。本章では，理解を進めるために書きました。また，分析から得られた考察が重要です。各自で，先行研究を踏まえて書いてください。先行研究を踏まえれば，より一般化することが可能となります。しかし，踏まえなければ，一般化することはできませんので課題として述べて明らかにします。図は省略しました。

文章の書き方例

　対象者は10名(男○名，女○名)で，欠損値はなかった。調査期間は，前20○○年○月，後20○○年■月であった。A組1回目2回目の平均と標準偏差は，1回目11.8 (4.315) 95%下限8.713，95%上限14.887であった。2回目25.5(1.780) 95%下限24.227，95%上限26.773であった(Table1)。

　　　　　　　　　　　　　　　　　　　　　　　　　　　　　　　　対応のある場合の書き方

Table1　A組1回目と2回目の平均値，標準偏差等（n =10）

水準	平均値	標準偏差	標準誤差	95%下限	95%上限	人数
A組1回	11.800	4.315	1.365	8.713	14.887	10
A組2回	25.500	1.780	0.563	24.227	26.773	10

　A組の1回目と2回目の得点を比較するために，t検定を行った。その結果，有意差(t値=(9)-9.527，p<.01，d=-4.190)があった（Table2，Figure1）。Table2，Figure1に示したように，1回目と2回目では，意欲点に一定の成果が認められる可能性がある。なお，統計ソフトはHAD15.0を用いた。

検定の種類	差	標準誤差	効果量 d	df	t値	p値
A組1回 − A組2回	-13.700	1.438	-4.190	9	-9.527	.000

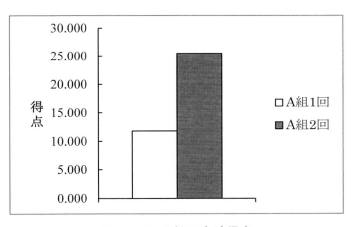

Figure1　A組の意欲得点

有意差がなければ，「t検定の結果，p=n.s.で有意差が認められなかった。」という結果になります。図表は，HADで作成されたものを張り付けることができます。

引用文献

清水裕士(2016) フリーの統計分析ソフトHAD：機能の紹介と統計学習・教育，研究実践における利用方法の提案　メディア・情報・コミュニケーション研究, 1, 59-73.

第2部第3章　多数のテストの比較
―分散分析―

　学校で1つのテストの得点比較をするとき，2つの組で比較する場合だけでなく，3つ以上の組で比較する場合もあります。その他，テストの科目数や回数など，多くの条件が加味されることになります。分散分析は，3つ以上の平均値の比較をするときに用います。なお，自分が実践を行うときに公表されている妥当性・信頼性の高い尺度を用いればエビデンスとなり，より実践研究に近づきます。また，量的研究法には，聞き慣れない言葉がたくさんでてきます。投げ出したくなるかもしれませんが，統計ソフトを用い，データを分析して，その後もう一度，第2部第1章に戻ってください。自分の分析の理解が進むと思います。

分散分析の約束事　　「被験者内計画」「被験者間計画」「混合計画」

> **基本的な2つの考え方**
>
> 　t検定は，2つの平均値の比較であった。ここでは多数の平均値の比較を検討する。この場合も，繰り返されるならば「対応のある」平均値の比較と，繰り返しがなければ「対応のない」平均値の比較，さらにそのミックスがある。「対応のある」比較を「被験者内計画」，「対応のない比較」を「被験者間計画」という。さらにミックスを「混合計画」という。

偶発的な誤差の範囲による有意差

> 複数の平均の差が「偶然生じたといえる確率は無視できるほど低い(5%の確率を用いることが多い)」場合，有意な差があるとして「帰無仮説」が棄却され，対立仮説が支持される。

第1節　多重比較

　分散分析は，全体的な相違をみることはできますが，どこの群に有意に差があるか，わかりません。そこで，用いるのが多重比較です。

　多重比較とは個々の群と群を検定する場合に，有意水準を上げずに検定する方法です。前回第2部第2章は t 検定であるため要因が少なく1回の検定で処理が済みます。分散分析は，要因が多数でてくるため，統計的検定を繰り返します。そうすると，検定結果が甘くなり有意差が出やすくなります。それを防ぐための方法として多重比較をするのです。HAD による多重比較は Shaffer(Schaffer)法・Holm法・Bonferroni 法・修正 Shaffer(Schaffer)法が選択できるようになっています。Bonferroni 法は，簡便かつ汎用性が高い方法です(石井，2014)。HAD では，分散分析と多重比較が同時にできます。

　分散分析では，多重比較の分析の方が重要で複雑です。事前に示しておきます(図31-1)。

図 31-1　多重比較の分析手順

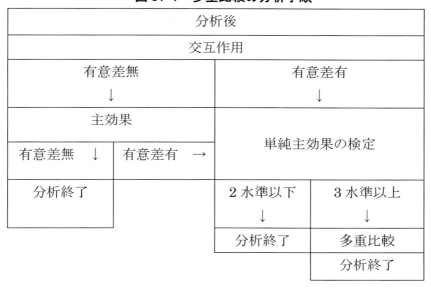

交互作用・主効果・単純主効果の説明は，後述しますが，この図は，繰り返しみてください。

多重比較は，方法は異なりますがパラメトリック検定とノンパラメトリック検定でも用いられます。多重比較は，有意結果のみ算出されます。

(1)HADによる多重比較の選択法

画面31-1に回帰モデルオプションを示します。

画面31-1　回帰モデルオプション

HADによる多重比較を選択するためには，1.モデリングシートをあけ，2.回帰分析を選択し，3.オプションを押し画面31-1をあけて多重比較の方法を選択できます。Shaffer(Schaffer)法またはBonferroni法は，有意差が出にくい方法ですので選びます。

第2節　同一組の3回以上のテストの比較
－1要因被験者内計画－

　ここでは，被験者内計画を説明します。学校では，同一組における児童生徒の多数平均を比較するのに用いることができます。また，量的研究法には，聞き慣れない言葉がたくさんでてきます。投げ出したくなるかもしれませんが，統計ソフトを用い，データを分析して，その後もう一度，第2部第1章に戻ってください。自分の分析の理解が進むと思います。

事例　生徒の教科別達成感（国語，算数，社会）の得点の比較

　生徒の教科別達成感を比較したいと考え，国語，算数，社会の達成感を検討しました。それぞれ5点満点です。

　同じ組の人が繰り返しテストを受けていますので「対応のある」被験者内計画です(画面32-1)。さらに，要因とは独立(説明)変数を指し，この場合達成感です。一つですので1要因といいます。そして，要因を構成するものを，水準といいます。この場合達成感で，1水準のため，あえて表記しません。

(1)生徒の教科別達成感（国語，算数，社会）の得点(1要因被験者内計画例)のデータシート

　画面に生徒の教科別達成感（国語，算数，社会）の得点(1要因被験者内計画例)のデータシートを示します。

画面32-1　生徒の教科別達成感（国語，算数，社会）の
得点(1要因被験者内計画例)のデータシート

ID	国語	算数	社会
1	1	2	4
2	1	2	5
3	2	2	5
4	2	3	3
5	2	4	5
6	4	3	5
7	1	2	3
8	3	5	4
9	4	4	5
10	1	5	5

(2)HADによる1要因被験者内計画の分析手順

　画面32-2に，HADモデリングシートによる1要因被験者内計画の分析手順を示します。

STEP1〜6　分析手順（モデリングシート）

1. 回帰分析を押して，分散分析を押す
2. オプションを押して分散分析，多重比較 Shaffer をチェック，OK を押す
3. 使用変数を押して変数を投入する
4. 国語算数社会にカーソルをあて，目的変数を押す
5. 独立変数を直接入力
6. 達成感にカーソルをあて主効果を押す

画面 32-2　HAD による 1 要因被験者内計画のモデリングシート

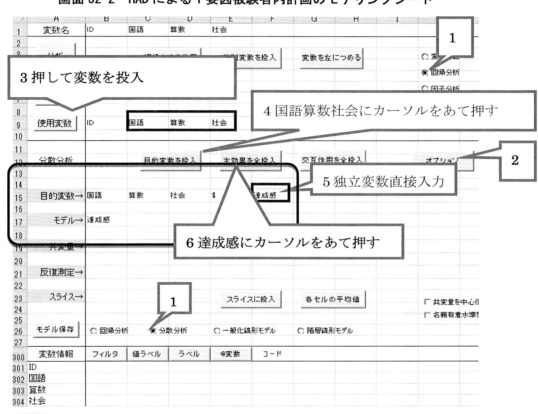

　　　他の分散分析と入力が異なる部分です。それ以外は，分散分析は全て同じやり方です。

従属(目的)変数は，国語，算数，社会で，独立（説明）変数は達成感です。
STEP1〜6までできたら分析実行を押します。

(3)結果とその見方

　画面 **32-3** に結果を示します。

画面 32-3　本事例のモデル適合（Anova シート）

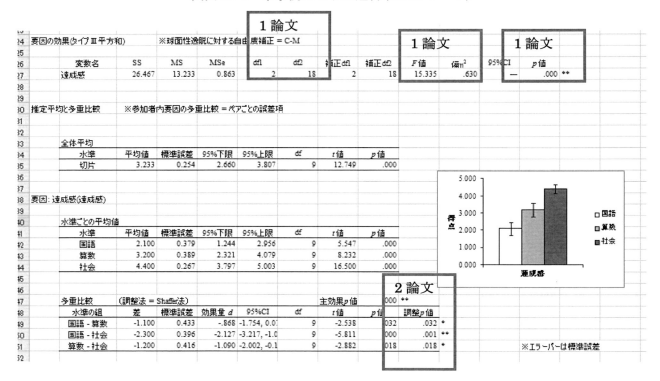

1) F 値（画面 32-3-1）

　F 値は，分散分析に用いる検定統計量です。F 値の理論的分布は F 分布です。検定統計量を使用して，帰無仮説を棄却するかどうかを判断できます。帰無仮説については，第 2 部第 1 章をご覧ください。

　標本データから，一定以上の値が得られる確率を有意確率または p 値といいます。F 値が大きければ，群間の差が大きく，p 値が小さくなります。

　通常，下記の基準が用いられます。

> *　　5%水準 $p<.05$
> **　1%水準 $p<.01$
> 　　0.1%水準 $p<.001$ （HAD では，表記されない）
> $p>.05$ は有意差無し表記は $n.s.$

　F 値の F とは，分散を用いた統計学を考えたロナルド・A・フィッシャーの頭文字です。

2) 自由度（画面 32-3-1）

　F 分布は F 値の分子と分母の自由度によって，分布形が変わるので 2 つあります。

3) 効果量（画面 32-3-1）

　分散分析の効果量は，偏 η^2（ηp^2）で，値は 0 〜 1 の範囲にあります。

4)多重比較(画面 32-3-2)

主効果とは，変数の単独の効果で，他の要因の影響を無視した場合に，全体に与える影響です。主効果 p 値とは，主効果の有意差をみるための値です。

この場合，p 値<.01 であるため，有意な差があるということになります(画面 32-3-2)。しかし，どれとどれの間に有意差があるかわかりません。そこで，多重比較を検討します。多重比較(画面 32-3-2)をみます。

多重比較の表をみると，国語と算数，算数と社会は，p 値<.05，国語と社会は，p 値が<.01 で，3 教科の達成感において有意差がありました。特に，国語＜社会の達成感は，有意に差が大きいと言えます。

(4)論文の書き方

具体例を示しました。検定法，検定統計量，自由度，有意結果，効果量，用いた統計ソフトとそのバージョンなどを書きます。参考にしてください。分散分析の結果は本文中に統計値等を示すとともに，交互作用が有意であった場合には，その結果を図で示します。ここでは，説明のため表も示しました。図中のエラーバーは「標準誤差」を用います。「標準誤差」は母集団の平均の区間推定量ですので，ここではそれを比べることが目的であるため「標準偏差」ではなく「標準誤差」を用いています。エラーバーが離れているほど，違いがあるということになります。一般的に，エラーバーの 2 倍より離れていれば統計的に有意差があると言われています。

「研究対象，その属性，調査日」は，研究方法において既に述べられていると思いますので，記載の必要がないと思います。本章では，理解を進めるために書きました。また，分析から得られた考察が重要です。各自で，先行研究を踏まえて書いてください。先行研究を踏まえれば，より一般化することが可能となります。しかし，踏まえなければ，一般化することはできませんので課題として述べて明らかにします。図は省略しました。

---

10 名（男●名，女○名）の国語，算数，社会の達成感得点尺度(5 件法)の質問紙調査を行った。

各教科の達成感の平均と標準偏差は，国語 2.1 (1.197)，算数 3.2 (1.229)，社会 4.4(0.843)であった。児童の国語・社会・算数の達成感得点を比較するために，1 要因被験者内の分散分析を行い，Table1 に示す。

Table1　国語，算数，社会の達成感　　　　(n =10)

水準	平均値	標準偏差	95%下限	95%上限	df	t 値
国語	2.100	1.197	1.244	2.956	9	5.547**
算数	3.200	1.229	2.321	4.079	9	8.232**
社会	4.400	0.843	3.797	5.003	9	16.500**

Shaffer 法による多重比較の結果

国語＜算数*

算数＜社会*

国語＜社会**

*p<.05，**p<.01

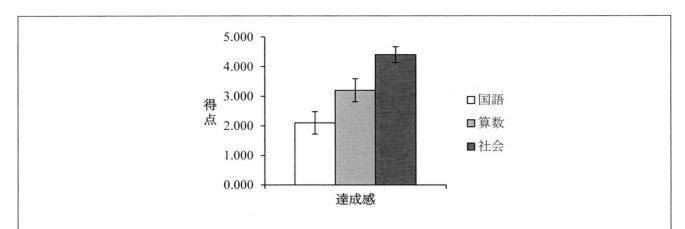

分散分析の結果，達成感における教科の主効果が有意であった(F(2, 18)= 15.335, p<.01, 偏η^2=.63)。Shaffer法による多重比較の結果，3教科の達成感得点は国語と算数（p<.05），国語と社会（p<.01)の間に有意差が見られ，国語の達成感が算数や社会と比べ低かった。なお，統計ソフトはHAD15.0を用いた。

標準偏差は，モデリングシートの各セルの平均値を押して算出しました。

(5)その他　統計の理解を進めるために
球面性の検定について

統計ソフトで対応のある比較を「被験者内計画」分散分析を行うと，「球面性の検定」という項目ができます。その説明をします。画面32-4は本事例の球面性の検定結果です。全ての条件間における差の分散が等しいことを仮定しているものです。この球面性の仮定は，分散分析を行うに必要な条件であるとされています(井関，2017)。球面性検定では，「データのどの部分から切り取っても，分散は等しい」かどうかを検定しています(IBM，2016)。被験者内の群が3以上の場合有意確率が算出されます。p<.05以上ならば仮説が支持されます。p<.05以下ならば，仮説が採用されず，C-M(Chi-Muller)，Greenhouse-Geisser，Huynh-Feldt，下限の値の最も大きいものをみます。C-M(Chi-Muller)，Greenhouse-Geisser，Huynh-Feldt，下限は分散分析のp値を修正する方法です。

画面32-4　球面性の検定

	変数名	W	χ^2値	df	p値	C-M	H-F	G-G	下限
	達成感	.989	0.087	2	.957	1.099	1.266	.989	.500

要因の効果(タイプⅢ平方和)　※球面性逸脱に対する自由度補正 = C-M

変数名	SS	MS	MSe	df1	df2	補正df1	補正df2	F値	偏η^2	95%CI	p値	
達成感	26.467	13.233	0.863	2	18	2	18	15.335	.630	—	.000	**

60

画面 32-4-1 では，p 値が.957 となって統計的に有意ではありませんから，分散分析の必要条件がみたされたことになります。

---

　2 の平均値の比較は，第 2 部第 2 章をみてください。

　その他，分析の結果，いろいろな言葉や記号がでてきます。簡単な説明については，一部を第 2 部第 1 章に記載しています。ご覧ください。

引用文献

IBM(2017)一要因分散分析＜http://www.ibm.com/us-en/?lnk=m＞(2017 年 2 月 3 日)

井関龍太(2017) 球面性の仮定とは　＜http://riseki.php.xdomain.jp/index.php?FrontPage＞(2017 年 2 月 3 日)

石井秀宗(2014)「人間科学のための統計分析—こころに関心があるすべての人のために」『医学書院』

清水裕士(2016) フリーの統計分析ソフト HAD：機能の紹介と統計学習・教育，研究実践における利用方法の提案　メディア・情報・コミュニケーション研究, 1, 59-73.

第3節　3組以上の同一テストの比較
―1要因被験者間計画―

　教師や教師を目指す人は，担任等の条件によって，組ごとに違う効果が出るのではないかと思う場合があるでしょう。2組（群）ならば，t検定でよいですが，3組（群）以上ならば，分散分析となります。繰り返しのない「対応のない」場合を，被験者間分散分析といいます。要因とは独立(説明)変数を指し，一つの場合を1要因といいます。したがって，1要因被験者間計画といいます。自分が実践を行うときに公表されている妥当性・信頼性の高い尺度を用いればエビデンスとなり，より実践研究に近づきます。また，量的研究法には，聞き慣れない言葉がたくさんでてきます。投げ出したくなるかもしれませんが，統計ソフトを用い，データを分析して，その後もう一度，第2部第1章に戻ってください。自分の分析の理解が進むと思います。

分散分析の約束事

> **基本的な考え方**
>
> 　t検定では，2つの平均値の比較であった。ここでは多数の平均値の比較を検討する。この場合も，繰り返されるならば「対応のある」平均値の比較と繰り返しがなければ「対応のない」平均値の比較，さらにそのミックスがある。「対応のある」比較を「被験者内計画」，「対応のない比較」を「被験者間計画」という。さらにミックスを「混合計画」という。

1要因被検間計画（対応のない1要因の平均の比較)

事例　出身地別達成感得点の比較

　3つの出身地別，ボランティア活動の達成感得点を検討します。ボランティア活動の達成感得点は5点満点です。

　A町，B町，C町出身地別に回答しているので「対応のない」比較です。つまり，被験者間計画です。そして独立変数は出身地別ですので1要因です。さらに，要因がA，B，Cと3つあるので3水準といいます。水準とは，要因を構成する数です。つまり，1要因3水準被験者間分散分析といいます。

(1)HAD による 1 要因被験者間計画のデータシート

画面 33-1 は, A 町, B 町, C 町出身地別ボランティア活動の達成感の得点(1 要因被験者間計画事例) データシートです。

画面 33-1　出身地別ボランティア活動の達成感の得点(1 要因被験者間計画事例)のデータシート

	A	B	C	D
1	変数名	ID	出身	達成感
2		1	A町	2
3	データ読み込み	2	B町	2
4		3	C町	5
5		4	A町	1
6	モデリングシート	5	B町	2
7		6	C町	5
8		7	A町	2
9		8	B町	3
10		9	C町	5
11		10	A町	3
12	列幅の			

データシートにデータを入力したら, データ読み込みを押します (コピー貼り付けでもよい) です。

(2)HADによる1要因被験者間計画の分析手順

画面33-2 HADモデリングシートによる1要因被験者間計画の分析手順を示します。

STEP1～5　分析手順（モデリングシート）

1. 回帰分析を押して，分散分析を押す
2. オプションを押して分散分析，多重比較Shafferをチェック OK を押す
3. 使用変数を押して変数を投入する
4. 達成感にカーソルをあて，目的変数を押す
5. 独立変数を直接入力。または，出身にカーソルをあて主効果を押す

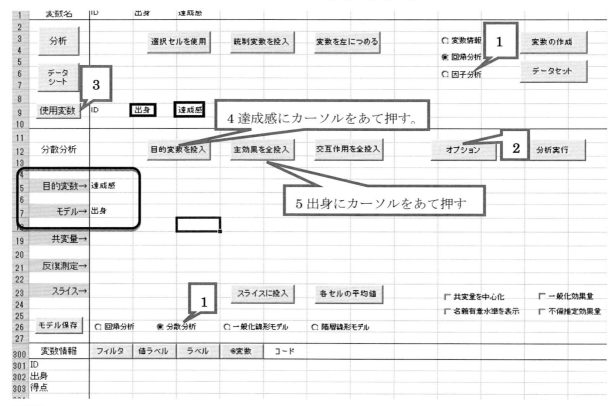

画面33-2　HADによる本事例（1要因被検者間計画）のモデリングシート

　　　他の分散分析と入力が異なる部分です。後はみな分散分析のやり方は同じです。

従属(目的)変数は，達成感で，独立（説明）変数は出身です。

STEP1～5までできたら分析実行を押します。

(3)結果とその見方

画面33-3　HADによるANOVA(分散分析)シートを示します。

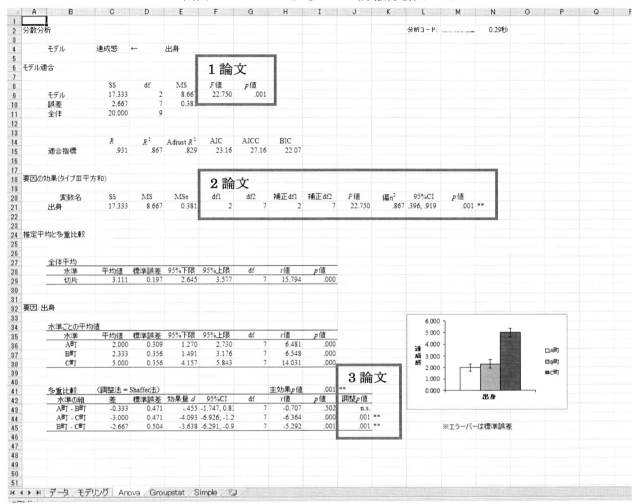

画面33-3　HADによるANOVA(分散分析)シート

1) F値(画面33-3-1)　第2部第3章第2節参照

F値は，分散分析に用いる検定統計量です。F値の理論的分布はF分布です。検定統計量を使用して，帰無仮説を棄却するかどうかを判断できます。事例では$p<.01$であるため，有意な差があるということになります。p値，帰無仮説については，第2部第1章をご覧ください。

2)自由度(画面33-3-2)

F分布はF値の分子と分母の自由度によって，分布形が変わるので2つあります。

3)効果量(画面33-3-2)

分散分析の効果量は，偏η^2で，値は0～1の範囲にあります。

4)多重比較(画面 33-3-3)　第 2 部第 3 章第 1 節参照

多重比較とは個々の群と群を検定する場合に，有意水準を上げずに，検定する方法です。Shaffer(Schaffer)法は，有意差が出にくい方法です。

多重比較の表をみると，A 町と B 町は，p 値は *n.s.* で有意な差がありません。しかし，A 町と C 町，B 町と C 町は p 値<.01 で有意な差があります。

(4)論文の書き方

具体例を示しました。検定法，検定統計量，自由度，有意結果，効果量，用いた統計ソフトとそのバージョンなどを書きます。参考にしてください。分散分析の結果は本文中に統計値等を示すとともに，交互作用が有意であった場合には，その結果を図で示します。ここでは，説明のため表も示しました。図中のエラーバーは「標準誤差」を用います。「標準誤差」は母集団の平均の区間推定量ですので，ここではそれを比べることが目的であるため「標準偏差」ではなく「標準誤差」を用いています。エラーバーが離れているほど，違いがあるということになります。一般的に，エラーバーの 2 倍より離れていれば統計的に有意差があると言われています。

「研究対象，その属性，調査日」は，研究方法において既に述べられていると思いますので，記載の必要がないと思います。本章では，理解を進めるために書きました。また，分析から得られた考察が重要です。各自で，先行研究を踏まえて書いてください。先行研究を踏まえれば，より一般化することが可能となります。しかし，踏まえなければ，一般化することはできませんので課題として述べて明らかにします。図は省略しました。

---

10 名（男●名，女○名）の出身地別ボランティア活動達成感得点尺度(5 件法)の質問紙調査を行った。その結果，各出身地別平均と標準偏差は，A 町 2.0(0.816)，B 町 2.3(0.577)，C 町 5.5(0.000)であった。

Table1　出身地別ボランティア活動達成感得点

水準	平均値	標準偏差	95%下限	95%上限	検定結果 上段:分散分析, 下段:多重比較
A 町(n=5)	2.000	0.816	1.270	2.730	$F(2,7)$= 22.750, p<.01, 偏 η^2=.867
B 町(n=5)	2.333	0.577	1.491	3.176	Shaffer 法による多重比較の結果
C 町(n=5)	5.000	0.000	4.157	5.843	A 町=B 町 A 町<C 町** B 町<C 町**

**p<.01

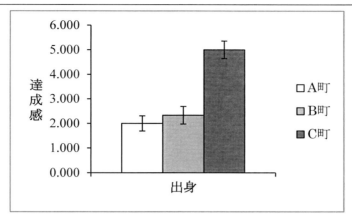

Figure1

　A町B町C町別の出身地別ボランティア活動達成感得点を比較するために，1要因被験者間の分散分析を行った(Table1, Figure1)。その結果，出身地別ボランティア活動達成感得点による有意な主効果($F(2, 7)= 22.750$, $p<.01$, 偏$\eta^2=.867$)が認められた。Shaffer法による多重比較の結果，3町出身地別ボランティア活動達成感得点は，A町とB町は有意差はなく，A町とC町，B町とC町は，$p<.01$でいずれも有意差が見られた。C町出身の生徒のボランティア活動達成感はA町およびB町出身の生徒に比べて高かった。なお，統計ソフトはHAD15.0を用いた。

(5)その他　統計の理解を進めるために

　その他，分析の結果，いろいろな言葉や記号がでてきます。簡単な説明については，一部第2部第1章に記載しています。ご覧ください。

引用文献

清水裕士(2016) フリーの統計分析ソフトHAD：機能の紹介と統計学習・教育，研究実践における利用方法の提案　メディア・情報・コミュニケーション研究, 1, 59-73.

第4節　同一組で複数の学習方法と複数教科のテストの比較
—2要因被験者内分散分析—

　被験者内とは，同じ群の中で繰り返されるということです。学校では，同じ組で学習方法の効果を知りたいことがあります。さらに，1つの効果だけではなく，関連する複数教科についての効果を知りたいことがあります。3要因被験者内分散分析といいます。2要因以上の効果も可能です。自分が実践を行うときに公表されている妥当性・信頼性の高い尺度を用いればエビデンスとなり，より実践研究に近づきます。また，量的研究法には，聞き慣れない言葉がたくさんでてきます。投げ出したくなるかもしれませんが，統計ソフトを用い，データを分析して，その後もう一度，第2部第1章に戻ってください。自分の分析の理解が進むと思います。

分散分析の約束事

> **基本的な考え方**
>
> 　t検定では，2つの平均値の比較であった。ここでは多数の平均値の比較を検討する。この場合も，繰り返されるならば「対応のある」平均値の比較と繰り返しがなければ「対応のない」平均値の比較，さらにそのミックスがある。「対応のある」比較を「被験者内計画」，「対応のない」比較を「被験者間計画」という。さらにミックスを「混合計画」という。

2要因被検者内計画（対応のある2要因の平均の比較）

事例　複数の学習方法における複数教科の得点の比較

　事例は，3つの学習方法と国語と理科のテストの関係を検討したいと考えました。同じ児童生徒がA，B，Cの3つの学習方法を学び，国語と理科のテストを受けました。したがって，すべて同じ群ですので被験者内計画です。学習方法と教科の要因ですから，2要因被験者内分散分析といいます。独立(説明)変数は，学力と教科です。要因を構成するものを，水準といいます。学習方法が3種類つまり3水準です。教科は2教科で2水準です。従属（目的）変数は，得点です。3×2の2要因被験者内分散分析となります。

(1)HAD による 2 要因被験者内計画のデータシート

画面 34-1 は，A，B，C 学習方法と国語，理科の得点(2 要因被験者内計画事例)のデータシートです。

画面 34-1　A，B，C 学習方法と国語，理科の得点(2 要因被験者内計画事例)のデータシート

変数名	ID	A国	A理	B国	B理	C国	C理
	1	5	2	2	2	2	2
	2	4	4	3	3	2	2
	3	4	3	3	3	2	2
	4	5	2	2	2	2	3
	5	4	2	1	2	2	2
	6	4	3	3	2	2	2
	7	5	3	2	2	2	2
	8	4	2	2	2	2	2
	9	4	1	1	2	2	2
	10	4	2	2	3	3	3

データシートにデータを入力（コピー貼り付けでもよい）したら，データ読み込みを押します。

(2) HADによる2要因被験者内計画の分析手順

画面34-2にHADモデリングシートによる本事例(2要因被験者内計画)の分析手順を示します。

STEP1~8　分析手順（モデリングシート）

1. 回帰分析を押して，分散分析を押す
2. オプションを押して分散分析，多重比較 Shaffer をチェック OK を押す
3. 使用変数を押して変数を投入する
4. A国～C理にカーソルをあて，目的変数を押す（手入力も可）
5. 独立変数を手入力（学習方法と教科）
6. 主効果を押す
7. 交互作用を押す
8. 被験者内要因の水準を手入力。水準とはそれらが実際にとる値である。この場合学習方法だったら，A，B，Cの3水準，教科ならば国語と理科の2水準

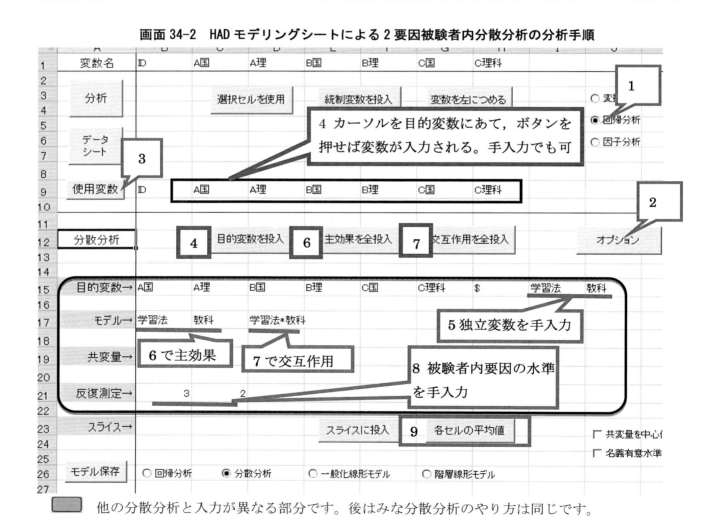

画面34-2　HADモデリングシートによる2要因被験者内分散分析の分析手順

もう少し手順を説明します。従属(目的)変数は，教科の得点で，独立（説明）変数はA，B，Cの学習方法と国語，理科です。反復測定のところに，水準をいれます。水準とはそれらが実際にとる値です。被験者内要因は，学習方法のA，B，Cの3水準であるため，反復測定のところに3を入れます。また，教科は国語と理科の2水準であるため，2を入れます。なお，2要因で示しましたが，要因数が増えても実施の仕方は同じです。

今回は，分析実行ボタンを押す前に，各セルの平均値を押して全体の傾向を検討します。そして分析実行をします。すると，Anova(分散分析)シート，CellMeanシート，Sliceシートが続いて出力されます。

(3)結果とその見方

画面34-3に本事例のCellMeanシートを示します。

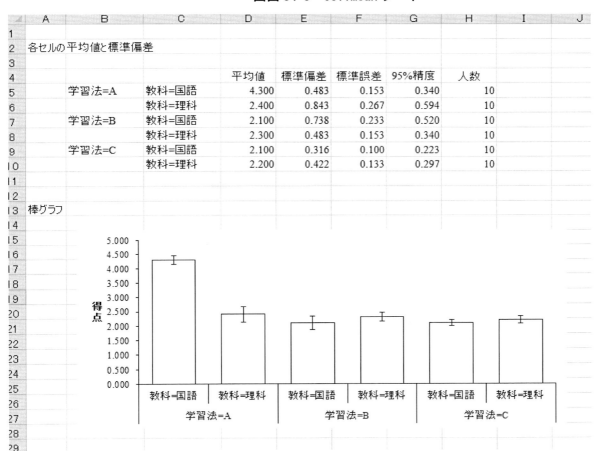

画面34-3　CellMeanシート

学習方法Aの国語が平均4.3(0.483)と高く，理科が平均2.4(0.843)と低いです。同様に，学習方法Bの国語が平均2.1(0.738)，理科が平均2.3(0.483)，学習方法Cの国語が平均2.1(0.316)，理科が平均2.2(0.422)でした。学習方法Aの国語以外，全て低い得点です。そこで，分散分析の結果をみます(画面34-4)。

画面 34-4　HAD による Anova（分散分析）シート

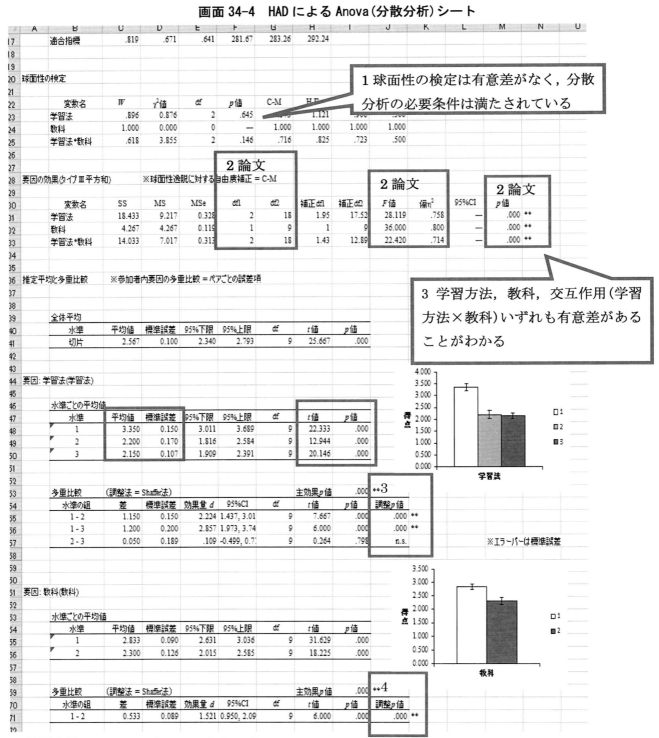

学習方法 1 は A，2 は B，3 は C です。
教科 1 は国語，2 は理科です。

1)球面性の検定（画面 34-4-1）　第 2 部第 3 章第 2 節参照

球面性の検定の結果，有意差がみられなかったので，球面性の仮説は成り立ちます。

2)F値（画面 34-4-2）　　第 2 部第 3 章第 2 節参照

F値は，分散分析に用いる検定統計量です。F値の理論的分布は F分布です。検定統計量を使用して，帰無仮説を棄却するかどうかを判断できます。事例では，学習方法 $p<.01$，教科 $p<.01$，学習方法×教科 $p<.01$，で有意なことがわかります。p値，帰無仮説については，第 2 部第 1 章をご覧ください。

3)自由度(画面 34-4-2)

F分布は F値の分子と分母の自由度によって，分布形が変わるので 2 つあります。

4)効果量(画面 34-4-2)

分散分析の効果量は，偏η^2で，値は 0 〜 1 の範囲にあります。

5)要因の効果　交互作用か主効果か(画面 34-4-3，4)　　第 2 部第 3 章第 1 節参照

主効果とは，変数の単独の効果で，他の要因の影響を無視した場合に，全体に与える影響です。交互作用とは，独立変数を組み合わせたときの複合効果のことです(小塩，2017)。個々の変数の効果だけでは説明できず，変数が組み合わさることにより，効果がでることです。

本事例では，交互作用は「学習方法×教科」($p<.01$)でした。「学習方法」($p<.01$)「教科」($p<.01$)でした。交互作用も主効果も有意差がありました。

一般に交互作用を先に

交互作用をまず見てください。それは，主効果だけでは，全体に影響がなくても，交互作用では，影響がある場合があるからです。本事例の場合，「学習方法」「教科」が影響を与えていましたので，当然交互作用「学習方法×教科」も，影響を与えていました。しかし，主効果が，影響を与えなくても，交互作用になったときに影響を与えることもあるためです。

---

6)単純主効果

交互作用に有意な差があれば，次に単純主効果をみます。単純主効果の手順はスライスに該当の水準(画面 34-5)をいれて分析実行を押すと，Anove と Silce シートが出てきます(画面 34-6)。

まず，学習法の単純主効果を検討します。

画面 34-5　HAD モデリングシートによる 2 要因被験者内分散分析の単純主効果分析手順

画面 34-6　HAD における Slice シートによる単純主効果

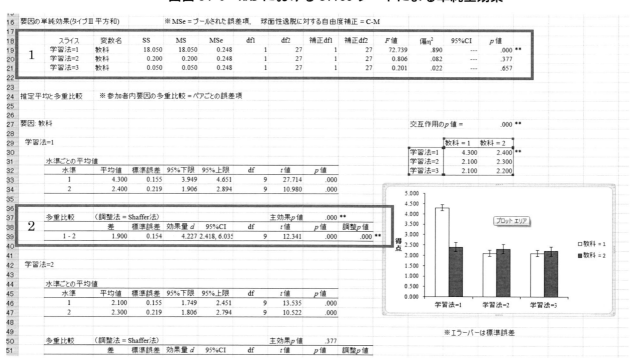

7)HADにおける単純効果検定の検定

Sliceシートをみます。HADにおける単純主効果の検定は，基本的に「プールされた誤差項」を用いています(画面34-6-1)。「プールされた誤差項」を使うと，全水準をまとめた誤差を使うので自由度を減らすことなく検定できます。たとえば，参加者間計画で，10人のサンプルがいて，実験条件が5人，統制条件が5人だったとします。この場合，単純効果検定でも10人分のサンプルを使って検定を行うことができるわけです（清水，2016）。さらに，プールされた誤差項による単純主効果の検定において，スライス変数が参加者内要因の場合，誤差項は単純効果を見る要因の誤差項と，スライスする要因の誤差項を合成した誤差項を用います。このとき，異質な分散を合成するので，正しい検定をするためにはSatterthwaiteの方法による補正が必要となります。もし，合成する誤差分散が等質なら補正の必要はありません(清水，2016)。

Slice(画面34-6-1)を見ます。学習法1(A)が教科1(国語)に有意な差がありました。

さらに，教科の単純主効果を同様な手順で検討します(画面34-7)。

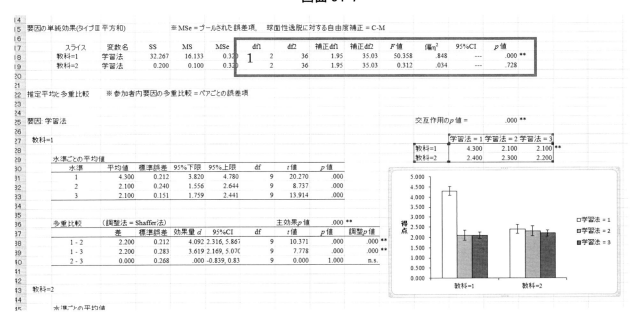

画面34-7

8)多重比較(画面34-7-1)

本事例の場合は，交互作用「学習方法×教科」に有意差がありました。「学習方法」は，3水準以上ですので，多重比較を検討しました。多重比較は，単純主効果をみるものです。単純主効果とは，水準が単独で（有意）差を持っていることを言います。学習方法A($p<.01$)において有意差が示されました。教科の国語($p<.01$)に有意差が示されました。

(4)論文の書き方

　具体例を示しました。検定法，検定統計量，自由度，有意結果，効果量，用いた統計ソフトとそのバージョンなどを書きます。結果の書き方ですが，主効果，交互作用と順に述べるのが一般的です。参考にしてください。

　「研究対象，その属性，調査日」は，研究方法において既に述べられていると思いますので，記載の必要がないと思います。本章では，理解を進めるために書きました。また，分析から得られた考察が重要です。各自で，先行研究を踏まえて書いてください。先行研究を踏まえれば，より一般化することが可能となります。しかし，踏まえなければ，一般化することはできませんので課題として述べて明らかにします。図は省略しました。

　10名（男●名，女〇名）において，A, B, C の 3 つの学習方法を用いて，国語と理科の授業を行い，テストを実施した(5 点満点)。

　その結果，学習方法 A の平均と標準偏差は，国語 4.3(0.483)，理科平均 2.4(0.843)であった。同様に，学習方法 B は，国語 2.1(0.738)，理科 2.3(0.483)であった。学習方法 C は，国語平均 2.1(0.316)，理科平均 2.2(0.422)であった。学習方法 A の国語に比べて他は低かった。

　そこで，学習方法 A，B，C と教科（国語・理科）の 2 要因被験者内分散分析を行った(Table1)。

Table1 学習方法における国語と理科の得点平均値および分散分析（n=10）

	平均値 （標準偏差）				分散分析 （多重比較 Shaffer 法）		
	A	B	C	計	学習方法	教科	交互作用
国	4.300 (0.483)	2.100 (0.738)	2.100 (0.316)	2.833 (.090)	28.119 $F(2, 18)=28.119$ $p<.01$ 偏 $\eta^2=.758$	36.000 $F(1, 9)=36.000$ $p<.01$ 偏 $\eta^2=.800$	22.420 $F(2, 18) = 22.420$ $p<.01$ 偏 $\eta^2=.714$
理	2.400 (0.843)	2.300 (0.483)	2.200 (0.422)	2.300 (.126)		B<A** B=C C<A**	

交互作用

	国語	理科	
学習方法 A	4.300	2.400	**
学習方法 B	2.100	2.300	
学習方法 C	2.100	2.200	

**p<.01

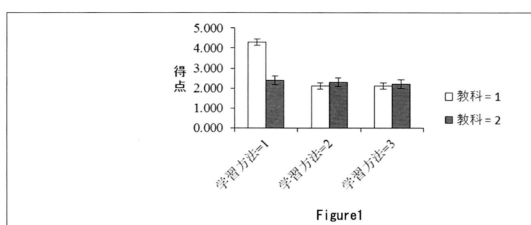

Figure1

　その結果，学習方法($F(2, 18)$=28.119, p<.01, 偏η^2=.758)と教科($F(1, 9)$=36.000, p<.01, 偏η^2=.800)の主効果が有意であった。さらに，学習方法と教科の交互作用は，$F(2, 18)$=22.420, p<.01, 偏η^2=.714で有意であった。そのため，各群の単純主効果の検定を行った。学習方法Aにおける教科の単純主効果が有意であり($F(1, 27)$=72.739, 偏η^2=.890, p=.000)，国語よりも理科のほうが得点が有意に高かった(p<.01)。また，国語における学習方法の単純主効果が有意であった($F(2, 36)$=50.358, 偏η^2=.848, p=.000)。学習方法は3水準であるため多重比較を行ったところ，学習方法Aは学習方法BおよびCより得点が有意に高かった。国語では学習方法Aが学習方法B及びCより得点が高かった（Figure1）。

　なお，統計ソフトHAD15.0を用いた。

(5)その他　統計の理解を進めるために

　その他，分析の結果，いろいろな言葉や記号がでてきます。簡単な説明については，一部第2部第1章に記載しています。ご覧ください。

引用文献

小塩(2017)　分散分析＜http://psy.isc.chubu.ac.jp/~oshiolab/index.html＞（2017年2月6日）

清水(2016)　統計ソフトHAD＜http://norimune.net/had＞

清水裕士(2016)　フリーの統計分析ソフトHAD：機能の紹介と統計学習・教育，研究実践における利用
　方法の提案　メディア・情報・コミュニケーション研究, 1, 59-73.

第5節　異なる学年の異なる組のデータの比較
—2要因被験者間計画—

　被験者間とは，繰り返されないということです。第3章2節1要因被験者間では，組別ということで1要因でした。学校ではもう少し，要因が増える場合があります。たとえば，学年別さらに組別とかです。これを2要因被験者間計画といいます。もちろん，3要因以上の効果も可能です。自分が実践を行うときに公表されている妥当性・信頼性の高い尺度を用いればエビデンスとなり，より実践研究に近づきます。また，量的研究法には，聞き慣れない言葉がたくさんでてきます。投げ出したくなるかもしれませんが，統計ソフトを用い，データを分析して，その後もう一度，第2部第1章に戻ってください。自分の分析の理解が進むと思います。

分散分析の約束事

> **基本的な考え方**
>
> t検定では，2つの平均値の比較であった。ここでは多数の平均値の比較を検討する。この場合も，繰り返されるならば「対応のある」平均値の比較と繰り返しがなければ「対応のない」平均値の比較，さらにそのミックスがある。「対応のある」比較を「被験者内計画」，「対応のない」比較を「被験者間計画」という。さらにミックスを「混合計画」という。

2要因被験者間計画（対応のない2要因の平均の比較）

事例　文系理系組と学年による外向性の比較

　事例は，文系理系と学年による外向性の関係を検討したいと考えました。学年は1~3年，外向性検査は5件法です。文系理系，学年と異なる群の独立（説明）変数なため2要因被験者間です。ただし，文系理系は2水準，学年は，1~3学年で3水準です。水準とはそれらが実際にとる値です。したがって，2×3の2要因被験者間分散分析といいます。外向性が従属(目的)変数です。

(1)HAD による 2 要因被験者間計画のデータシート

画面 35-1 は，文系理系別学年別，外向性の得点(2 要因 2 水準と 3 水準の被験者間計画事例)のデータシートです。対象者は文系 1 年 10 名，2 年 5 名，3 年 10 名，理系 1 年 10 名，2 年 10 名，3 年 5 名の計 50 名です。

画面 35-1　文系理系別学年別，外向性の得点(2 要因 2 水準と 3 水準の被験者間計画事例)

	A	B	C	D	E
1	変数名	ID	文理組	学年	外向性
2		1	文系	1	5
3	データ読み込み	2	理系	2	1
4		3	文系	3	1
5		4	理系	1	5
6	モデリングシート	5	文系	2	3
7		6	理系	3	2
8		7	文系	1	5
9		8	理系	2	3
10		9	文系	3	1
11		10	理系	1	5

データシートにデータを入力（コピー貼り付けでもよい）したら，データ読み込みを押します。画面は，一部のデータのみで他は省略してあります。

(2)HAD による 2 要因被験者間計画の分析手順

画面 35-2 に HAD モデリングシートによる本事例(2 要因被験者間計画)の分析手順を示します。

STEP1～7　分析手順（モデリングシート）

1. 回帰分析を押して，分散分析を押す
2. オプションを押して分散分析，多重比較 Shaffer をチェック，OK を押す
3. 使用変数を押して変数を投入する
4. 外向性にカーソルをあて，目的変数を押す
5. 独立変数を手入力。または，文理組，学年にカーソルをあて主効果を押す
6. 交互作用を押す
7. スライスに，グループ分けする変数を入れる

画面 35-2　HAD モデリングシートによる本事例（2 要因被検者間計画）の分析手順

　　　　他の分散分析と入力が異なる部分です。後はみな分散分析のやり方は同じです。
STEP1～7 までできたら分析実行を押します。

(3)結果とその見方

結果

画面 35-3　HAD による ANOVA(分散分析)シートを示します。

画面 35-3　HAD による文系理系組と学年による外向性の ANOVA(分散分析)シート

モデル適合

	SS	df	MS	F値	p値
モデル	134.500	5	26.900	118.360	.000
誤差	10.000	44	0.227		
全体	144.500	49			

	R	R^2	Adjust R^2	AIC	AICC	BIC
適合指標	.965	.931	.923	75.42	77.38	84.89

要因の効果(タイプⅢ平方和)

変数名	SS	MS	MSe	df1	df2	補正df1	補正df2	F値	偏η^2	95%CI	p値	
文理組	0.000	0.000	0.227	1	44	1	44	0.000	.000	.000, .000	1.000	
学年	109.524	54.762	0.227	2	44	2	44	240.952	.916	.851, .935	.000	**
文理組*学年	6.667	3.333	0.227	2	44	2	44	14.667	.400	.152, .535	.000	**

推定平均と多重比較

全体平均

水準	平均値	標準誤差	95%下限	95%上限	df	t値	p値
切片	3.000	0.071	2.857	3.143	44	42.214	.000

要因:文理組

水準ごとの平均値

水準	平均値	標準誤差	95%下限	95%上限	df	t値	p値
文系	3.000	0.101	2.797	3.203	44	29.850	.000
理系	3.000	0.101	2.797	3.203	44	29.850	.000

多重比較	(調整法 = Shaffer法)					主効果p値	1.000	
水準の組	差	標準誤差	効果量 d	95%CI	df	t値	p値	調整p値
文系 - 理系	0.000	0.142	.000	-0.546, 0.5	44	0.000	1.000	n.s.

要因:学年

水準ごとの平均値

水準	平均値	標準誤差	95%下限	95%上限	df	t値	p値
1	5.000	0.107	4.785	5.215	44	46.904	.000
2	2.500	0.131	2.237	2.763	44	19.149	.000
3	1.500	0.131	1.237	1.763	44	11.489	.000

多重比較	(調整法 = Shaffer法)					主効果p値	**	
水準の組	差	標準誤差	効果量 d	95%CI	df	t値	p値	調整p値
1 - 2	2.500	0.169	5.124	3.725, 6.5:	44	14.832	.000	.000 **
1 - 3	3.500	0.169	7.174	5.323, 9.0:	44	20.765	.000	.000 **
2 - 3	1.000	0.185	2.050	1.228, 2.8:	44	5.416	.000	.000 **

※エラーバーは標準誤差

1)F値 (画面 35-3-1)　第 2 部第 3 章第 2 節参照

F値は,分散分析に用いる検定統計量です。F値の理論的分布は F分布です。検定統計量を使用して,帰無仮説を棄却するかどうかを判断できます。学年 $p<.01$,文理組×学年 $p<.01$ で有意差があることが

わかります。p 値，帰無仮説については，第 2 部第 1 章をご覧ください。

2)自由度(画面 35-3-1)

F 分布は F 値の分子と分母の自由度によって，分布形が変わるので 2 つあります。

3)効果量(画面 35-3-1)

分散分析の効果量は，偏 η^2 で，値は 0 ～ 1 の範囲にあります。

4)要因の効果　交互作用か主効果か　第 2 部第 3 章第 1 節参照

　主効果とは，「文理組」「学年」単独の効果です。つまり，変数の単独の効果で，他の要因の影響を無視した場合の全体に与える影響です。「学年」のみ主効果があるということです。交互作用とは，独立変数を組み合わせたときの複合効果のことです(小塩，2017)。個々の変数の効果だけでは説明できず，変数が組み合わさることにより，効果がでることです。要因の効果をみると，「文理組」$p=1$，で有意な差がありません。

　本事例では，主効果の「学年」($p<.01$)で，交互作用「文理組×学年」($p<.01$)で有意差がありました。

一般に交互作用を先に

　交互作用を，まず見てください。それは，主効果だけでは，全体に影響がなくても，交互作用では影響がある場合があるからです。本事例の場合，主効果も「学年」のみ影響を与えていました。交互作用「文理組×学年」を，先にみます。そして，単純主効果検定を行います。本事例の場合では，文系組の学年，理系組の学年ごとに有意差がありました。そこで，学年が 3 水準ありますので，多重比較の検定をみます。多重比較は，単純主効果をみるものです。単純主効果とは，水準が単独で（有意）差を持っていることを言います。

---

2)単純主効果検定(画面 35-4)

2 要因分散分析において，交互作用が有意であった場合に行われる検定です。ある要因のそれぞれの水準における他方の要因の効果を検定します。本事例では，「文理組×学年」の交互作用がありました。文系組の学年，理系組の学年ごとの効果を検定しました。文系学年($F(2,44)=176.00$, $p<.01$, 偏$\eta^2=.941$)，理系学年($F(2,44)188.8$, $p<.01$, 偏$\eta^2=.915$)で，有意差があることがわかりました。

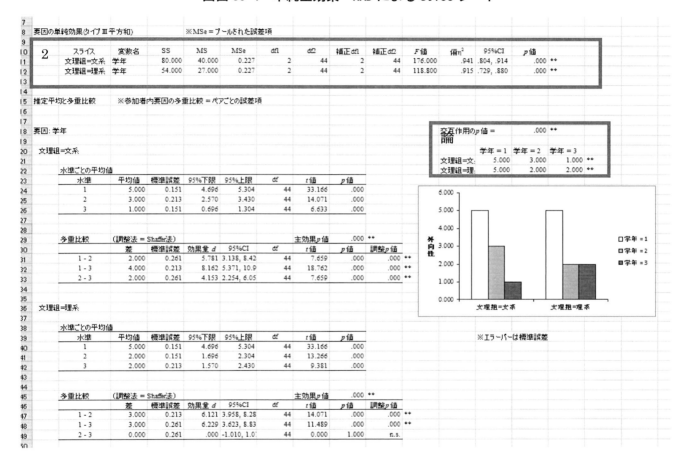

画面 35-4　単純主効果　HAD による Slice シート

3)多重比較

そこで多重比較を検討しました。「学年」の 1 年と 2 年($p<.01$)，1 年と 3 年($p<.01$)，2 年と 3 年($p<.01$)それぞれで有意差が示されました。1 年，2 年，3 年それぞれ単純主効果があったことになります。なお，多重比較について詳しく知りたい方は，第 2 部第 3 章第 1 節をお読み下さい。

(4)論文の書き方

具体例を示しました。検定法，検定統計量，自由度，有意結果，効果量，用いた統計ソフトとそのバージョンなどを書きます。参考にしてください。

「研究対象，その属性，調査日」は，研究方法において既に述べられていると思いますので，記載の

必要がないと思います。本章では，理解を進めるために書きました。また，分析から得られた考察が重要です。各自で，先行研究を踏まえて書いてください。先行研究を踏まえれば，より一般化することが可能となります。しかし，踏まえなければ，一般化することはできませんので課題として述べて明らかにします。図は省略しました。

　文系 25 名(1 年 10 名，2 年 5 名，3 年 10 名)，理系 25 名(1 年 10 名，2 年 10 名，3 年 5 名)計 50 名を対象に，外向性得点尺度(5 件法)を用いて，質問紙調査を行った。

　その結果，各群の外向性得点の標本平均と標準偏差は，文系理系とも 3.0 (0.333)であった。学年では，1 年 5.0(0.354)，2 年 2.5(0.433)，3 年 1.5(0.433)であった。外向性得点を比較するために，2 要因被験者間分散分析を行った(Table1)。

Table1　文系理系別学年別外向性得点

	平均得点(標準偏差)						分散分析		
							文理組	学年	交互作用
	文系			理系			$F=(1,44)0.000$ $p=1$ 偏 $\eta^2=.000$	$F=(2,44)240.952$ $p<.01$ 偏 $\eta^2=.916$	$F=(2,44)14.667$ $p<.01$ 偏 $\eta^2=.400$
学年	1 $n=10$	2 $n=5$	3 $n=10$	1 $n=10$	2 $n=10$	3 $n=5$		Shaffer 法による 多重比較 1 年<2 年** 1 年<3 年** 2 年<3 年**	
	5.000 (.000)	3.000 (.000)	1.000 (.000)	5.000 (.000)	2.000 (1.414)	2.000 (.000)			

交互作用

学年	1	2	3	
文理組=文系	5.000	3.000	1.000	**
文理組=理系	5.000	2.000	2.000	**

**$p<.01$

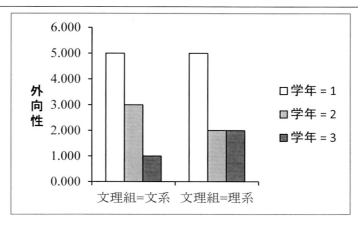

Figure1

　分散分析の結果，学年による主効果($F(2, 44)$=240.952, p<.01, 偏η^2=.916)が有意であった。さらに，文系理系と学年による交互作用($F(2, 44)$= 14.667, p<.01, 偏η^2=.400)が有意であった。そのため，各群の単純主効果の検定を行ったところ，文系組における学年（$F(2, 44)$=176.000, p<.01, 偏η^2=.941)及び，理系($F(2, 44)$=118.800, p<.01, 偏η^2=.915)が有意であった。学年は3水準であるため，Shaffer法による多重比較を行ったところ，文系組では1年と2年(p<.01), 1年と3年(p<.01), 2年と3年(p<.01)の外向性得点に有意差がみられ，理系組では1年と2年及び3年との間の外向性得点に有意差がみられた(p<.01)（Figure1）。なお，統計ソフトはHAD15.0を用いた。

　交互作用における論文・レポートの書き方については, Andersson, Cuervo-Cazurra & Nielsen (2014)に詳しく書かれています。

(5)その他　統計の理解を進めるために

　分析の結果，いろいろな言葉や記号がでてきます。簡単な説明については，一部第2部第1章に記載しています。ご覧ください。

参考文献

Andersson, U., Cuervo-Cazurra, A., & Nielsen, B. B. (2014). From the Editors: Explaining interaction effects within and across levels of analysis. Journal of International Business Studies, 45(9), 1063-1071.

引用文献

小塩(2017) 分散分析＜http://psy.isc.chubu.ac.jp/~oshiolab/index.html＞（2017年2月6日）

清水裕士(2016) フリーの統計分析ソフトHAD：機能の紹介と統計学習・教育，研究実践における利用方法の提案　メディア・情報・コミュニケーション研究, 1, 59-73.

第6節 異なる組で，繰り返されるテストの比較
―混合計画分散分析―

　A組B組(異なる群)が，同一テストを複数回実施した場合の効果を検討します。これを，被験者間と被験者内が組み合わさった2要因混合計画といいます。なお，自分が実践を行うときに公表されている妥当性・信頼性の高い尺度を用いればエビデンスとなり，より実践研究に近づきます。また，量的研究法には，聞き慣れない言葉がたくさんでてきます。投げ出したくなるかもしれませんが，統計ソフトを用い，データを分析して，その後もう一度，第2部第1章に戻ってください。自分の分析の理解が進むと思います。

分散分析の約束事

> **基本的な考え方**
>
> 　t検定では，2つの平均値の比較であった。ここでは多数の平均値の比較を検討する。この場合も，繰り返されるならば「対応のある」平均値の比較と繰り返しがなければ「対応のない」平均値の比較，さらにそのミックスがある。「対応のある」比較を「被験者内計画」，「対応のない」比較を「被験者間計画」という。さらにミックスを「混合計画」という。

混合計画（異なる群で，繰り返されるテストの比較）

被験者内要因と被験者間要因がある分散分析を説明します。

事例　アクティブ・ラーニング実施（以下AL），未実施の場合における前後満足感比較

　事例は，アクティブ・ラーニング（以下AL）と満足度を検討したいと考えました。具体的には，AL実施した学年（実験群）を1，統制群を2とし，満足度得点尺度前後2回を行いました。

(1)HADによる混合計画のデータシート

画面36-1は，ALを実施，未実施組の満足度得点（混合計画分散事例)のデータシートです。

画面36-1　AL を実施，未実施組の前後の満足度得点（混合計画分散事例）のデータシート

変数名	ID	AL指導	前	後
	1	1	2	4
	2	2	1	3
	3	1	1	5
	4	2	2	1
	5	1	1	5
	6	2	2	1
	7	1	2	4
	8	2	3	1
	9	1	1	4
	10	2	1	2

データシートにデータを入力（コピー貼り付けでもよい）したら，データ読み込みを押します。

(2) HADによる混合計画の分析手順

画面36-2にHADモデリングシートによる混合計画の分析手順を示します。

> **STEP1～9　分析手順（モデリングシート）**
> 1. 回帰分析を押して，分散分析を押す
> 2. オプションを押して分散分析，多重比較Shafferをチェック OKを押す
> 3. 使用変数を押して変数を投入する
> 4. 前後にカーソルをあて，目的変数を押す（手入力も可）
> 5. 独立変数を手入力
> 6. 主効果を押す
> 7. 交互作用を押す
> 8. 被験者内要因の水準を手入力。水準とはそれらが実際にとる値である。この場合ならば，前後テストの2水準
> 9. グループ分けする変数を入力（手入力も可）

画面　36-2にHADモデリングシートによる混合計画の分析手順

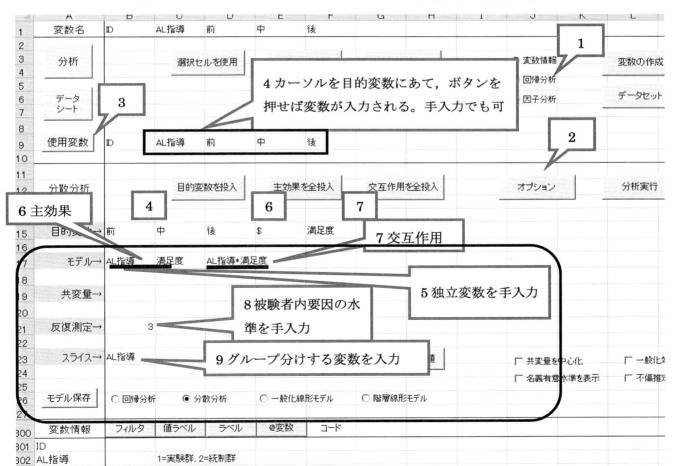

▇ 他の分散分析と入力が異なる部分です。後はみな分散分析のやり方は同じです。
1 は AL 実施組(実験群)，2 は AL 未実施組(実験群)

もう少し手順を説明します。従属(目的)変数は，得点で，独立（説明）変数は AL 指導と満足度です。被験者内要因は，前後の 2 水準であるため，反復測定のところに 2 を入れます。このとき，単純効果検定をするためには，被験者間要因の AL 指導をスライスの行に記入します。なお，2 要因で示しましたが，要因数が増えても実施の仕方は同じです。

今回は，分析実行ボタンを押す前に，各セルの平均値を押して全体の傾向を検討します。そして分析実行をします。すると，ANOVA(分散分析)シート，CellMean シート，Slice シートが続いて出力されます。

(3)結果とその見方

画面 36-3 に本事例の CellMean シートを示します。

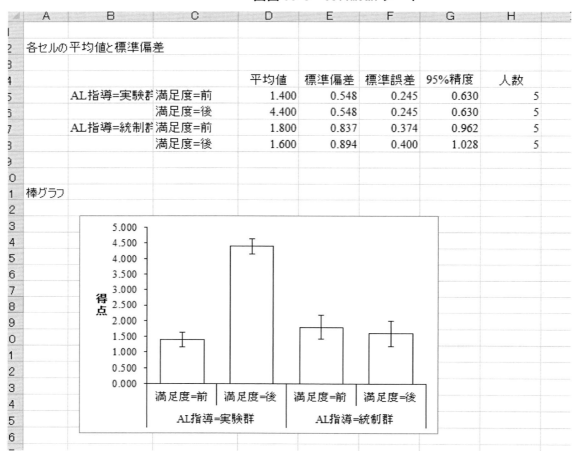

画面 36-3　CellMean シート

前テストでは，AL 実験群が平均値 1.4(0.548)と低く，統制群は，平均値 1.8(0.837)と高くなっています。一方，後テストでは，AL 実験群は平均値 4.4(0.548)と高くなり，統制群は平均値 1.6(0.894)で変化がないです。そこで，分散分析の結果をみます（画面 36-4）。

画面36-4 HADによるANOVA(分散分析)シート

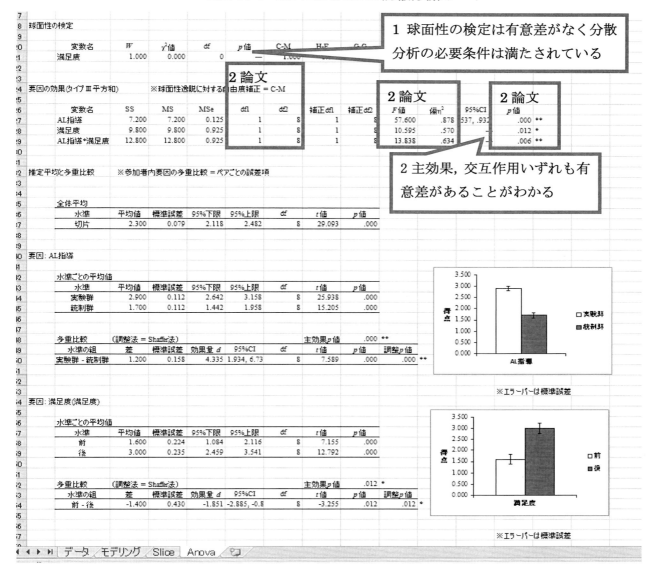

1)球面性の検定(画面36-4-1) 第2部第3章第2節参照

球面性の検定の結果，有意差がみられなかったので，球面性の仮説は成り立ちます。詳しくは第2部5-1章を見てください。

2)F値(画面36-4-2) 第2部第3章第2節参照

F値は，分散分析に用いる検定統計量です。F値の理論的分布はF分布です。検定統計量を使用して，帰無仮説を棄却するかどうかを判断できます。事例では，AL指導 $p<.01$，満足度 $p<.05$，AL指導×満足度 $p<.01$ で有意なことがわかります。p値，帰無仮説については，第2部第1章第3節をご覧ください。

3)自由度(画面36-4-2)

F分布はF値の分子と分母の自由度によって，分布形が変わるので2つあります。

4)効果量(画面36-4-2)

分散分析の効果量は，偏η^2で，値は0～1の範囲にあります。

5)要因の効果　交互作用か主効果か　第2部第3章第1節参照

主効果とは，「AL指導」「満足度」の効果です。つまり，変数の単独の効果で，他の要因の影響を無視した場合の全体に与える影響です。「AL指導」「満足度」両方主効果があるということです。交互作用とは，独立変数を組み合わせたときの複合効果のことです(小塩，2017)。個々の変数の効果だけでは説明できず，変数が組み合わさることにより，効果がでることです。

まず，交互作用つまり，「AL指導×満足度」を見ます。2.をみると主効果と交互作用ともに有意差があることがわかります。本事例では，交互作用は「AL指導＊満足度」($p<.01$)でした。また，主効果「AL指導」($p<.01$)，「満足度」（$p<.05$)でした。交互作用も主効果「AL指導」「満足度」も有意差がありました。

> **一般に交互作用を先に**
>
> 　交互作用をまず見てください。それは，主効果だけでは全体に影響がなくても，交互作用では影響がある場合があるからです。交互作用が有意ならば，単純主効果検定を検討します。要因が2水準以下ならば，これで本事例は終了です。3水準以上ならば，多重比較の検定をみます。多重比較は，単純主効果をみるものです。単純主効果とは，水準が単独で（有意）差を持っていることを言います。

6)単純主効果

Sliceシートをみます。今回は，交互作用に有意差があり，被験者内水準が2水準です。したがって，多重比較は検討せずに，単純主効果のみ見てみましょう(画面36-5)。

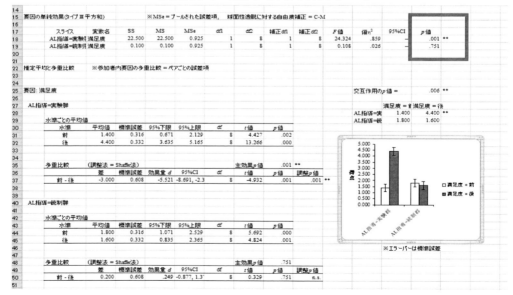

画面36-5　HADによるSliceシート

実験群において，「満足度」は $p<.01$ で有意に影響を与えています。AL を実施していない統制群においては，前後で $p=$n.s.で「満足度」に有意な変化はありません。

(4)論文の書き方

具体例を示しました。検定法，検定統計量，自由度，有意結果，効果量，用いた統計ソフトとそのバージョンなどを書きます。参考にしてください。

「研究対象，その属性，調査日」は，研究方法において既に述べられていると思いますので，記載の必要がないと思います。本章では，理解を進めるために書きました。また，分析から得られた考察が重要です。各自で，先行研究を踏まえて書いてください。先行研究を踏まえれば，より一般化することが可能となります。しかし，踏まえなければ，一般化することはできませんので課題として述べて明らかにします。図は省略しました。

AL の指導を用いた授業 5 名（男●名，女○名），AL の未指導 5 名（男●名，女○名）行い，前後で満足度得点尺度(5 件法)を実施した。

2×2 混合計画分散分析の結果，主効果「AL 指導」（$F(1, 8) = 57.600$, $p<.01$, 偏 $\eta^2= .878$），「満足度」（$F(1, 8) =10.595$, $p< .05$, 偏 $\eta^2= .570$），交互作用は「AL 指導＊満足度」（$F(1, 8) = 13.838$, $p< .01$, 偏 $\eta^2= .634$）であった。主効果「AL 指導」「満足度」と交互作用「AL 指導＊満足度」とも有意な差がみられた(Table1)。単純主効果を検討したところ，AL 実施群の「満足度」（$F(8)=24.324$, $p< .01$, 偏 $\eta^2=-.859$）で，有意な差がみられた。AL 未実施群の「満足度」（$F(8)=.108$, $p< .751$, 偏 $\eta^2=-.026$）で，有意な差がみられなかった。なお，統計学的検討は HAD15.0 を用いた。

Table1　AL 指導と満足度

	AL 指導=実験群(n=5)		AL 指導=統制群(n=5)		分散分析	
	前	後	前	後	AL 指導	満足度
平均値 (標準偏差)	1.400 (0.245)	4.400 (0.245)	1.800 (0.837)	1.600 (0.894)	$F(1, 8) = 57.600$ $p<.01$ $\eta^2= .878$	$F(1, 8) =10.595$ $p< .05$ $\eta^2= .570$
					単純主効果	
					「満足度」実験群 $p<.01$ AL 実施群の「満足度」（$F(8)=24.324$, $p< .01$, 偏 $\eta^2=-.859$） AL 未実施群の「満足度」（$F(8)=.108$, $p< .751$, 偏 $\eta^2=-.026$）	

(5)その他　統計の理解を進めるために

1)分散分析の手順

ここで再び，分散分析における交互作用の判断の手順を示します。

交互作用			
有意差無 ↓		有意差有 ↓	
主効果		単純主効果の検定	
有意差無　↓	有意差有　→	被験者内2水準以下 ↓	被験者内3水準以上 ↓
分析終了		分析終了	多重比較
			分析終了

2)被験者内水準が3水準の場合

　被験者内水準が3水準のSliceシートをみます(画面36-6)。下記の事例は，満足度得点尺度を前中後と3回行いました。他の条件は上記と同じです。本来ならば全体の過程を見ながら，単純主効果およびそれに伴う多重比較を検討する必要があります。そこを省きます。参考程度にしてください。

第 2 部　量的研究法

画面 36-6　HAD による Slice シート

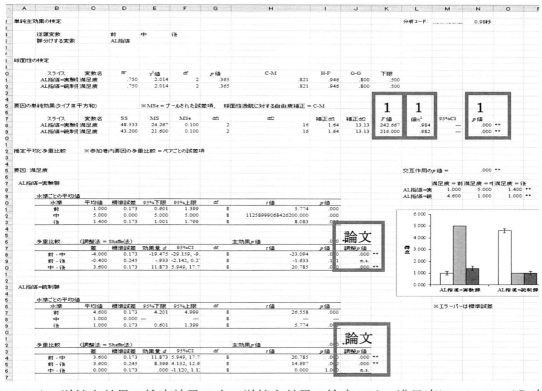

　画面 36-6-1 は，単純主効果の検定結果です。単純主効果の検定では，満足度について，AL 実験群と統制群とも $p<.01$ で，有意に差があります。多重比較を検討します。AL 実験群では，前テストと中テストで $p<.01$，中テストと後テストで $p<.01$，で有意差があります。前テストと後テストでは $p=$n.s.で有意差がありません。AL 統制群では，前テストと中テストで $p<.01$，前テストと後テストで $p<.01$ で有意差があります。中テストと後テストでは $p=$n.s.で有意差がありません。したがって，AL 指導の効果は，短期的には効果があるといえるかもしれませんが，主効果のデータ等他のデータ，先行研究をみながら考察する必要があります。詳しくは統計の専門書をお読みください。

　表記は下記のようになります。

(満足度)

AL 実施	AL 無実施
前＜中($p<.01$)	前＝中($p<.01$)
前＝後	前＞後($p<.01$)
中＞後($p.<.01$)	中＝後

　分析の結果，いろいろな言葉や記号がでてきます。簡単な説明については，一部第 2 部第 1 章に記載しています。ご覧ください。

引用文献

小塩(2017)　分散分析＜http://psy.isc.chubu.ac.jp/~oshiolab/index.html＞（2017 年 2 月 6 日）

清水裕士(2016)　フリーの統計分析ソフト HAD：機能の紹介と統計学習・教育，研究実践における利用
　方法の提案　メディア・情報・コミュニケーション研究, 1, 59-73.

第2部第4章　複数の条件から，予測
－重回帰分析－

　教師が，児童生徒に指導・助言するにあたって，ある程度の目安があることは心強いと思います。単回帰分析とは，一つの独立(説明)変数で，従属(目的)変数を予測するものです。たとえば，練習時間の長さが，どのぐらい成績に影響を与えるか検討できるのです。教育は，いろいろな条件が加味されます。単回帰分析は一つの独立(説明)変数ですが，重回帰分析は，複数の独立変数から従属(目的)変数を予測する方法です。

　本章では，重回帰分析を中心に説明します。実施方法は，重回帰分析も単回帰分析も，ほとんど同じのため，HAD の重回帰分析実施のところで，単回帰分析の実施の説明を添えます。また，量的研究法には，聞き慣れない言葉がたくさんでてきます。投げ出したくなるかもしれませんが，統計ソフトを用い，データを分析して，その後もう一度，第2部第1章に戻ってください。自分の分析の理解が進むと思います。

多変量解析とは

　多変量解析は，多くのデータ（変数）を用いて分析者の予測に基づいて，その関連性を明らかにする手法です。

　多変量解析には大きく分けて二つの目的があります。それは「予測」と「要約」です。予測するために使われる分析には，重回帰分析，判別分析，ロジステック回帰分析，数量化Ⅰ類，数量化Ⅱ類などがあります。要約するために使われる分析には，因子分析，主成分分析，コレスポンデンス分析などがあります。これらの分析は，そのデータの内容（量的か質的か）と目的によって使い分けます。

事例　読書時間と自尊感情が国語得点に与える影響

　事例は，読書時間(1週間当たりの時間)と自尊感情得点(主観的判断による。10件法)から，国語得点を予測します。国語得点が従属(目的)変数で，読書時間と自尊感情が独立(説明)変数になります。また，読書時間が国語得点に与える効果が，自尊感情によって調整されると予測しました。つまり，読書時間が多いほど国語得点が高いと考えられますが，それは自尊感情が高い場合に，より顕著になると考えました。これを交互作用効果といいます。

　交互作用効果を図で説明してみると，まず，読書時間が多いほど国語得点が高いというのが最初の仮説ですが，それは図4-1のようになります。

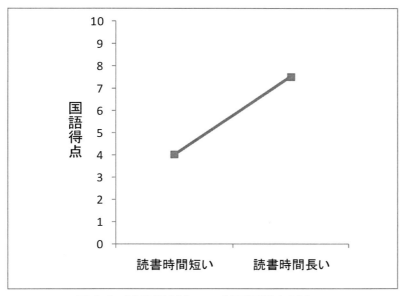

図 4-1　読書量が多いほど国語得点が高い

しかし，この効果は自尊感情によって変わるというのが交互作用効果の考え方です。つまり，自尊感情によって読書時間の効果は調整されます。その図が図 4-2 のようになります。

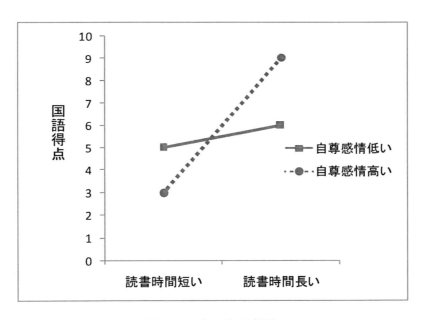

図 4-2　交互作用効果

ここでは，自尊感情が高い生徒では読書時間の効果がありますが，自尊感情の低い生徒ではその効果がみられません。つまり，読書時間が多いほど国語得点が高い，ただし自尊感情が高い場合に限る，と解釈することができます。

(1)重回帰分析のデータの入力

画面 4-1 は，読書時間と自尊感情得点と国語得点のデータシートです。

画面 4-1　HAD による読書時間と自尊感情得点と国語得点（重回帰分析）データシート

読書時間（(時間/毎週間)）

変数名	ID	読書時間	自尊感情	国語得点
データ読み込み	1	1	3	10
	2	4	2	15
	3	3	3	20
	4	4	4	25
モデリングシート	5	5	6	45
	6	6	5	40
	7	7	6	40
	8	5	7	45
	9	9	9	50
	10	8	4	45

(2)HAD による重回帰分析の分析手順

画面 4-2 に HAD による重回帰分析のモデリングシートを示します。

STEP1～6　分析手順（モデリングシート）

1. 回帰分析を押して，回帰分析をチェック

2. オプションを押し，デフォルト設定が交互作用・2 値ダミーにチェック(画面 4-2)確認し OK を押す

   データ（この場合 ID）が 50 以上ならば，「頑健標準誤差」にチェック

   独立変数で説明しきれない部分を，「頑健標準誤差」で補正する

3. 使用変数を押して変数を投入する

4. 「出力を上書きしない」にチェック

5. 従属（目的）変数を直接入力。または，カーソルをあて目的変数を入れる

   回帰分析の場合は 1 つのみ

6. 独立変数を直接入力。または，出身にカーソルをあて主効果を押す。単回帰分析では 1 つのみである

画面 4-2　HAD による本事例（重回帰分析）のモデリングシート

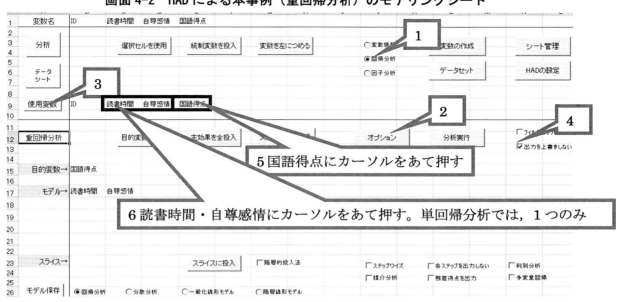

画面 4-3「デフォルト設定」

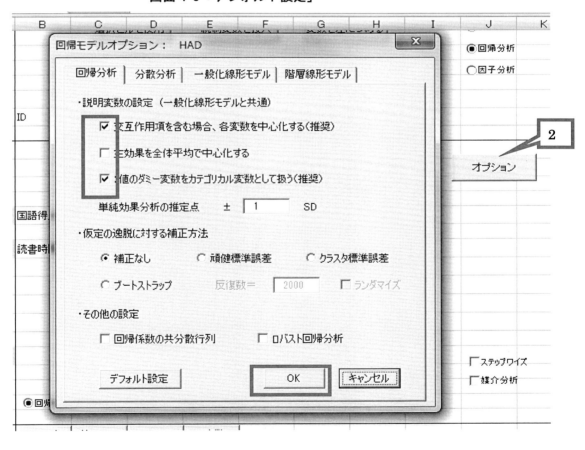

STEP1〜6 をしたら，分析実行を押します。

(3)結果とその見方

画面 4-4 に HAD による Reg(回帰分析)シートを示します。

画面 4-4　HAD による Reg(回帰分析)シート

重回帰分析　　　　　　　　　　　　サンプルサイズ = 10

Step1　　　　国語得点　←　　　　読書時間　自尊感情

モデル適合

1

	SS	df	MS	F値	p値
モデル	1623.643	2	811.822	20.379	.001
誤差	278.857	7	39.837		
全体	1902.500	9			

2 適合指標

	R^2	Adjust R^2	F値	df	p値	AIC	BIC	CAIC
	.853	.812	20.379	2, 7	.001	69.660	70.870	77.660

回帰係数　　　　　目的変数 =国語得点　　　　　　　　　　　　　　　　　論文

4

変数名	係数	標準誤差	95%下限	95%上限	df	t値	p値
切片	0.799	5.517	-12.246	13.843	7	0.145	.889
読書時間	3.233	1.197	0.402	6.064	7	2.701	.031 *
自尊感情	3.243	1.345	0.063	6.422	7	2.412	.047 *

標準化係数　　　　　目的変数 =国語得点

変数名	国語得点		95%下限	95%上限	VIF
読書時間	**5** .532 *		0.066	0.999	**3** 1.856
自尊感情	.475 *		0.009	0.942	1.856
R^2	.853 **				

$** p < .01, * p < .05, + p < .10$

データ　モデリング　Reg

コマンド

論文：論文に記載が必要な項目

1)モデルの適合

モデル適合(画面 4-4-1)は，重回帰分析の結果です。p 値<.001 であるため，有意な差があるということになります。さらに，R^2 =. 853 (画面 4-4-2)は，重決定係数(寄与率)といい $0 \leqq R^2 \leqq 1$ が成り立ち，1 に近いほど，重回帰式がデータに当てはまっていると考えます。つまり，独立変数（説明変数）全体

が従属変数（基準変数）を予測・説明する程度が高いと考えられます。Adjust R^2 とは，独立変数が増えると決定係数は単純に増えて，見かけ上当てはまりがよくなるので，その欠点を補うための，自由度調整済み決定係数です。Adjust R^2 =.812 とは，読書時間と自尊感情得点で，国語得点を81.2%説明していることを示します。

VIF(画面4-4-3)は，Variance Inflation Factor の訳です。独立変数間で強い相関がある場合，予想に反した分析になることがあります。VIF とは，独立変数間に相関が非常に高い時に起こりやすいとされる多重共線性という現象が起きているかを判断するための指標です。不合理で説明のつけられない値が結果として出ている場合，多重共線性が起こっていることが考えられます。VIF は 1 以上の値をとり，大きい時に多重共線性を疑います。2 以下ならよいとしています。ただし，10 以下という論文もあります(石井，2010)。多重共線性が起きた際にそれに対処する方法として，少なくとも 1 つの独立変数を削除したり，独立変数を因子分析や主成分分析によってまとめるといった方法があります。

2)回帰係数

回帰係数の画面4-4-4をみますと，読書時間と自尊感情得点は，それぞれ p 値<.05 で有意な差があります。さらに，読書時間の回帰係数の値は 3.233 で，95%下限 95%上限の信頼区間〔.402　6.064〕であり，95%の確率で，この区間に母集団の回帰係数の値を含むと解釈されます。また，自尊感情得点の回帰係数の値は 3.243 で，下限 95%上限の信頼区間〔.063　6.422〕であり，95%の確率で，この区間に母集団の回帰係数の値を含むと解釈されます。

統計的に読書時間が 1 時間増えれば，国語得点が，3.2 点，自尊感情得点が 1 点増えれば，3.2 点増えると考えられます。

3)重回帰係数

重回帰係数を具体的に説明します。画面4-4-4をみると読書時間 3.233 と自尊感情 3.243 は，偏回帰係数，切片 0.799 は定数項を表しています。重回帰式では，

Y= 3.233×時間＋3.243×自尊感情得点−0.799 となります。

つまり，読書時間と自尊感情を代入し，−0.799 を引くと,国語得点が予測できます。

4)標準化係数(画面4-4-5)

今回，時間は 1 時間単位，得点は 1 点単位でそろっています。しかし，これが，単位が異なるとわかりにくくなります。たとえば，データが 100 時間と 0.001 点ならば，比較しにくくなります。そこで，すべてのデータを標準化し，物差しに偏らない標準化係数としています。

回帰係数では，読書時間 3.233 と自尊感情 3.243 で，自尊感情の方が，大きいです。標準化係数(画面4-4-5)にすることで,読書時間.532 と自尊感情.475 となり,読書時間の係数が大きいことがわかります。

5)見かけの相関

見かけの相関とは，2つの変数に相関関係がないのに，見えない要因（潜伏変数）によって相関関係があるかのように推測されることです。古典的な例では，靴のサイズと，数学の正解率です。一見相関関係があるようですが，年齢という隠れた変数が潜んでいます。本事例も，読書時間と自尊感情が国語の得点に相関関係があるような結論になっていますが，見かけの相関が隠れているかもしれません。常に，批判的な思考が重要だといえます。

(4)論文の書き方
論文の書き方の注意点

大規模調査では，標本データが，先行研究と比較して偏りがないことを示します。教師ならば，全国規模の調査を行うことは少ないと思います。したがって，標本データの属性（学年や性別等）を明らかにします。下記に具体例を示しました。検定法，自由度，重回帰分析の結果　標準化係数(β)，統計ソフトとそのバージョンなどを書きます。

「研究対象，その属性，調査日」は，研究方法において既に述べられていると思いますので，記載の必要がないと思います。本章では，理解を進めるために書きました。また，分析から得られた考察が重要です。各自で，先行研究を踏まえて書いてください。図は省略しました。

読書時間と自尊感情の国語得点の影響を検討した。10名（男○名，女○名）の読書時間・自尊感情(10件法)と国語得点の有効回答を得点化した。なお，それより大きいデータは分析対象外とした。注1
平均値，標準偏差とともに，最小値，最大値，相関係数を算出した(Table1)。

Table1　各測定値の基述統計量と相関係数

変数名	平均値	標準偏差	最小値	最大値	読書時間	自尊感情	国語得点
読書時間	5.200	2.394	1.000	9.000	1.000		
自尊感情	4.900	2.132	2.000	9.000	.679*	1.000	
国語得点	33.500	14.539	10.000	50.000	.855**	.837**	1.000

** $p < .01$, * $p < .05$

国語得点を従属変数，その他の変数を独立変数とする重回帰分析を行った。Table1 に示された独立変数間の相関係数は中程度以下であり，多重共線性の問題はないと考えられる。なお，変数は強制投入とした。（注2：独立変数を全て投入する方法，未確定ならばステップワイズ法…独立変数を徐々に増やして式をたてる）

重回帰分析の結果は，Table2 に示す通りである。

読書時間($\beta = .532$, $p < .05$)，自尊感情($\beta = .475$, $p < .05$)であった。したがって，読書時間・自尊感情が及ぼす国語得点への効果は，有意である。なお，このときの回帰式全体の説明率 R^2 は.853 ($F(2,7) = 20.379$, $p < .01$)であり，有意な値であった

Table2　重回帰分析の結果　標準化係数(β)	
変数名	国語得点
読書時間	.532　　　　*
自尊感情	.475　　　　*
R^2	.853　　　　**

$^{**}p < .01, \,^{*}p < .05, \,^{+}p < .10$

　Table2 に示されるように，読書時間($\beta = .532$, $p = .031$)，自尊感情($\beta = .475$, $p = .047$)，($R^2 = .853$)，から国語得点は，5%水準で有意な係数であった。なお，統計学的検討は HAD15.0 を用いた。

　本研究における「読書時間」「自尊感情」の独立変数の選択は，本学級において国語の成績と関連が認められた変数である。なお，この結果を一般児童生徒の予測とするためには，全国の児童生徒を対象とした調査が必要である。

注1　外れ値があれば，書きます。

　分析の結果，いろいろな言葉や記号がでてきます。簡単な説明については，一部第 2 部第 1 章に記載しています。ご覧ください。

(5)交互作用効果の検討

画面 4-5 に，交互作用も検討した重回帰分析のモデリングシートを示します。

画面 4-5　交互作用も検討した重回帰分析のモデリングシート

画面 4-6　交互作用も検討した重回帰分析の Slice シート

> 独立変数の高低群における他の独立変数の効果の有意差をみる

純主効果の検定(重回帰分析)

交互作用の変数(↔)	読書時間*自尊感情
群分けする変数	読書時間
検定する変数(→)	自尊感情

読書時間_低群(-1SD)

変数名	係数	標準化	標準誤差	df	t値	p値
切片	30.447	-31.406	2.025	6	15.037	.000
読書時間	2.596	.427	0.617	6	4.204	.006
→ 自尊感情	6.974	1.023	1.049	6	6.651	.001 ←
↔ 読書時間*自尊	-1.013	-.589	0.218	6	-4.656	.003 ↔

読書時間_高群(+1SD)

変数名	係数	標準化	標準誤差	df	t値	p値
切片	42.877	-30.551	1.791	6	23.935	.000
読書時間	2.596	.427	0.617	6	4.204	.006
→ 自尊感情	2.121	.311	0.718	6	2.955	.025 ←
↔ 読書時間*自尊	-1.013	-.420	0.218	6	-4.656	.003 ↔

	自尊感情 -1SD	自尊感情 +1SD	
読書時間	15.579	45.315	**
読書時間	38.356	47.399	*

分析コード:＿＿＿＿＿ 0.83秒

(6)交互作用項の注意点

<u>※交互作用項が含まれているので，説明変数はすべて中心化しています</u>

　HAD のデフォルトでは，交互作用を投入した場合には独立変数（説明変数）はすべて中心化されて計算が行われます。中心化とは，各数値からその変数の平均を引いた値となります。そのため，中心化された値の平均は0，標準偏差や共分散，相関係数はもとの変数と同じ値になります（石井, 2014）。

　交互作用項は，ある変数とある変数を掛け合わせることで作成します。そのため，掛け合わせた場合には，交互作用項と変数との相関係数が高くなってしまい，多重共線性が生じる可能性が高くなります。この相関係数を下げるために変数の中心化を行います。

　中心化した交互作用項，中心化していない交互作用項どちらを使っても，分析結果の数値は変わりません。

(7)多重共線性

　本事例では，「国語得点」と「読書時間」の間には，.855，「国語得点」と「自尊感情」の間には，.837と高い相関($p<.01$)が見いだされた。これにより多重共線性が懸念される。しかし，VIF の値からは多重共線性は否定された。

表 4-1　読書時間，自尊感情，国語得点の相関係数

	読書時間	自尊感情	国語得点
読書時間	1.000		
自尊感情	.679 *	1.000	
国語得点	.855 **	.837 **	1.000

$^{**}p<.01, ^{*}p<.05, ^{+}p<.10$

引用文献

清水裕士(2016) フリーの統計分析ソフト HAD：機能の紹介と統計学習・教育，研究実践における利用方法の提案　メディア・情報・コミュニケーション研究, 1, 59-73.

第2部第5章　いろいろなデータから相関の高いものを探る
－因子分析－

第1節　因子分析

　因子分析とは，多くの標本データ間の相関関係を検討し，高い項目をまとめ，共通の因子として説明することです。これを因子分析といいます。標本データを，因子分析では変数と呼びます。教師は，児童生徒が学業・部活・教師・友人等学校生活をどのように感じ，相互に関連があるのか気になるところです。因子分析では，近いものを探し出し因子を導き出します。その際に，何らかの仮説を立てて検討します。仮説に基づいて標本データを集め，それぞれの関係から因子を導き出します。見出しに「探る」としましたが，組みあわせは，幾通りもあり分析者が分析結果に基づいて探ります。また，量的研究法には，聞き慣れない言葉がたくさんでてきます。投げ出したくなるかもしれませんが，統計ソフトを用い，データを分析して，その後もう一度，第2部第1章に戻ってください。自分の分析の理解が進むと思います。

(1)因子分析の事例
　それでは，具体的に因子分析をどのように用いるか見ていきましょう。

　ここでは図5-1のアンケート例を使って，200人の児童・生徒にこの8つの質問をしたとします。図5-2は，このアンケート例を使って測定された変数です。画面5-1はHADによる因子分析のデータシートです。データシートでは，アンケートの質問項目をそれぞれ①番を「q_01」，②番を「q_02」……としました。

図5-1　学校生活充実感についてのアンケート例

以下の質問について、あなたがどの程度普段考えているか、あてはまるものを選んでください。

	全くそう思わない	そう思わない	あまりそう思わない	少しそう思う	そう思う	とてもそう思う
① 学校生活が楽しい。	1	2	3	4	5	6
② 友だちと楽しく過ごしている。	1	2	3	4	5	6
③ 毎日、充実している。	1	2	3	4	5	6
④ 学校ではリラックスしている。	1	2	3	4	5	6
⑤ 自分の好きなことができている。	1	2	3	4	5	6
⑥ 仲間と頑張って何かに打ち込んでいる。	1	2	3	4	5	6
⑦ 家族と過ごすことは楽しい。	1	2	3	4	5	6
⑧ 自分に満足している。	1	2	3	4	5	6

図 5-2　学校生活充実感の評定結果

id	質問番号							
	①	②	③	④	⑤	⑥	⑦	⑧
1	6	6	5	4	4	6	5	5
2	5	5	5	4	4	5	6	3
3	4	4	3	3	3	4	5	2
4	6	6	6	5	6	6	6	6
5	4	4	4	4	4	4	4	4
⋮	⋮	⋮	⋮	⋮	⋮	⋮	⋮	⋮
198	5	3	2	2	5	4	4	1
199	4	5	4	1	2	1	5	4
200	2	1	1	3	6	1	5	1

画面 5-1　HAD による学校生活充実感のデータシート（一部省略）

	A	B	C	D	E	F	G	H	I	J	K
1	変数名	id	q_01	q_02	q_03	q_04	q_05	q_06	q_07	q_08	
2		1	6	6	5	4	4	6	5	5	
3	データ読み込み	2	5	5	5	4	4	5	6	3	
4		3	4	4	3	3	3	4	5	2	
5		4	6	6	6	5	6	6	6	6	
6	モデリングシート	5	4	4	4	4	4	4	4	4	
7		6	3	3	2	2	1	3	3	1	
8		7	6	6	6	3	3	6	6	6	
9		8	5	5	5	6	6	5	5	6	
10		9	2	3	1	1	3	3	3	1	
11		10	3	3	2	2	1	1	4	2	
12	列幅の調整	11	6	6	6	5	5	6	6	6	
13		12	6	6	5	4	4	6	5	5	
14		13	5	5	5	4	4	5	6	3	
15	数値計算	14	4	4	3	3	3	4	5	2	
16		15	6	6	6	5	6	6	6	6	
17		16	4	4	4	4	4	4	4	4	
18		17	3	3	2	2	1	3	3	1	
19		18	6	6	6	3	3	6	6	6	
20		19	5	5	5	6	6	5	5	6	
21		20	2	3	1	1	3	3	3	1	
22	HAD2R	21	3	3	2	2	1	1	4	2	
23		22	6	6	6	5	5	6	6	6	
24		23	6	6	5	4	4	6	5	5	
25	TTM2 HAD	24	5	5	5	4	4	5	6	3	
26		25	4	4	3	3	3	4	5	2	
27		26	6	6	6	5	6	6	6	6	
28		27	4	4	4	4	4	4	4	4	
29		28	3	3	2	2	1	3	3	1	
30		29	6	6	6	3	3	6	6	6	
31		30	5	5	5	6	6	5	5	6	
32		31	2	3	1	1	3	3	3	1	
33		32	3	3	2	2	1	1	4	2	
34		33	6	6	6	5	5	6	6	6	
35		34	6	6	5	4	4	6	5	5	
36		35	5	5	5	4	4	5	6	3	

(2)HADによる因子分析の分析手順

画面5-2にHADによる因子分析のモデリングシートを示します。

> **STEP1～8　分析手順(モデリングシート)**
> 1. 因子分析を押す
> 2. 使用変数を押して変数を投入する
> 3. スクリープロットを押す
> 4. Screeシート(画面5-3)をみて，固有値が1以上の数が<u>因子数</u>になる（ただし，絶対的なものではない）
> 5. 最尤をクリックすると，因子分析に設定される
> 6. <u>因子数</u>を入力
> 7. 尺度作成の場合はチェック
> 8. サイズソートにチェック

画面5-2　HADによる因子分析のモデリングシート

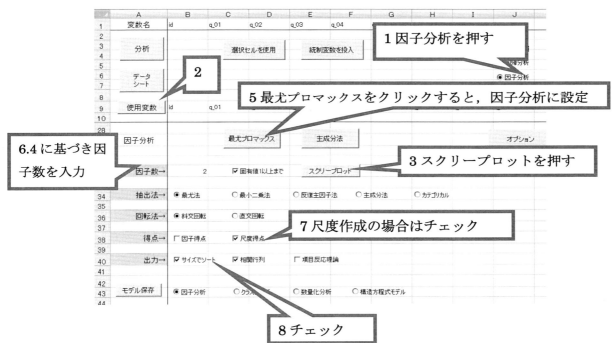

HADを使用した場合，まず固有値とスクリープロットで因子数を確認します。

固有値は，因子負荷量の大きさを表す値であり，スクリープロットは，固有値の推移を折れ線グラフにしたものです。因子数をいくつにするかは，様々な基準がありますが，ここでは固有値が1.0以上を採用し，画面5-1では因子数を2としました。

画面 5-3 固有値とスクリープロットの結果

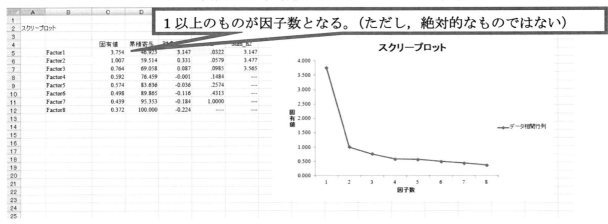

1 以上のものが因子数となる。（ただし，絶対的なものではない）

STEP1〜8 をしたら，分析実行を押します。

画面 5-4 因子分析の結果（Factor シート）

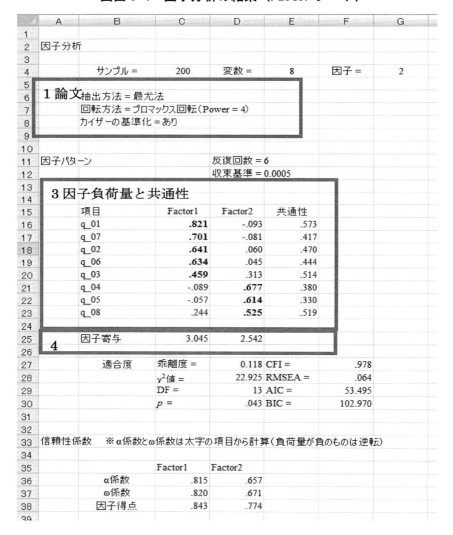

因子数を入力し，因子分析を実行した結果が画面 5-4 です。抽出方法は最尤法，回転法は斜交回転（プロマックス回転）を用いました。

1)抽出方法（画面 5-4）

抽出方法とは，因子パターンを推定する方法のことです（石井，2010）。HAD では，最尤法，最小二乗法，反復主因子法，主因子法，カテゴリカル因子分析があります。最尤法は，得られた標本データがあるとき，最も得られやすいような因子モデルを推定する方法です。ただし，解が収束しなかったり，共通性（後述）が 1 を超える（不適解）などの問題も多く起こります(清水，2010)。その場合は，最小二乗法を用います。また，もし，最小二乗法で実施して計算が途中で終わってしまうようならば，データを検討する必要があります。抽出方法について詳しく知りたい方は，統計の専門書をご覧ください。

2)回転方法（画面 5-4）

HAD における因子分析の抽出方法には斜交回転(プロマックス回転，直接オブリミン回転，独立クラスター回転)・直交回転(バリマックス回転，クォーティマックス，エカマックス回転)があります(清水，2016)。心理学の論文などでよく使用されているのが，斜交回転のプロマックス回転です。基本的には問題がないと思われます。ただし，プロマックス回転を使用した場合，必ず，因子間相関係数を報告します。プロマックス回転は，因子間の相関を認める方法ですので，因子間相関が十分あるか確認するのです(石井，2010)。

3）因子パターン（因子負荷量）

ここで最も注目すべき結果は，因子負荷量行列（因子パターン行列）です。因子負荷量は，因子から観測変数への影響の大きさと向きを示した値です。斜交回転を用いた場合は，因子パターンと呼ばれます。

因子パターン(因子負荷量)の大きい項目によって，共通する要素を推測して，その因子が何を支配する因子なのか解釈し，因子に名前をつけます(田中・山脇，2004)。因子分析の答えは 1 つではありません。共通要素の抽出と解釈が，因子分析における分析者の主体にかかっています。別の言い方をすれば，仮説でしかありません。尺度作成にあたって,因子分析は用いられますが,作られた尺度は可能性でしかありません。

4）HAD を用いた因子分析で得られる指標

・因子負荷量（因子パターン）

測定した変数に影響を与える小数個の潜在的な変数（因子）を想定した場合に，その影響の強さを推定して数値化したものです。最大が 1，最小が - 1 の間の値をとります。値がゼロなら，その測定した変数と因子との直線的な関係はない，ということを意味します。通常，この値が 0.4 以上の測定した変数を参考にして因子を解釈します。

・共通性

　各変数の共通性は，その変数の持っている情報が，共通因子によって説明される割合をあらわしています。因子の回転方法によって変化しません。

　アンケート例では，項目①は，57％が説明でき，残りは説明できなかったことがわかります。もしこのアンケート内に，突然食べ物についての味の好みを尋ねる項目を1問加えたとしたら，その項目の共通性は小さくなると考えられます。共通性は，その項目がほかの項目と比べてどれくらい特殊なのかということを示す値といえます。

・因子寄与

　因子寄与は，ある因子が測定した変数の分散を説明する程度をあらわしています。因子の回転方法によって変化します。

・適合度

　因子分析は，仮定した因子分析モデルに観測データを当てはめているととらえることもできます。したがって，モデルがデータに十分適合しているか判断するために，さまざまな適合度指標の値は重要です。もし，モデルがデータに十分適合しているなら，モデルに沿った説明や解釈を行うことが妥当となります。しかし，もしモデルがデータに十分適合していない場合は，それが疑わしいものとなります。HAD では適合度が十分ではない場合は，赤で表示されます。適合度は因子数をいくつにするか決める時に，利用することができる役に立つ指標です。

　主な適合度指標

　X^2 値（乖離度）：モデルがデータに適合していない場合は，値が大きくなります。X^2 値と自由度を用いて算出した有意確率が，$p > .05$ であれば，データと適合しているとみなされます。ただし，データ数が大きくなると有意になりやすい（$p < .05$）という特徴があります。

　CFI：1に近付くほど，適合度が高いとみなされます。

　RMSEA：0.05 以下であれば，適合度が高いとみなされ，0.1 以上になると，適合度が低いとみなされます。

　AIC：競合する複数モデルの比較のために使われる値です。

　BIC：こちらも，AIC と同様に，競合する複数モデルの比較のために使われる値です。

・因子間相関

　各因子間の相関係数をあらわします。因子の回転に斜交回転を用いた場合，斜交回転は因子に相関を仮定したものですので，結果の表に因子間相関の値をのせる必要があります。

　下記は，相関係数の大きさの評価(複合同順)です。因子間相関係数の参考にしてください。

相関係数の大きさの評価（複合同順）

相関係数の絶対値	
0.0～±0.2	ほとんど相関なし
±0.2～±0.4	やや相関あり
±0.4～±0.7	中程度の相関あり
±0.7～±0.9	強い相関あり
±0.9～±1	非常に強い相関あり

石井(2010)を筆者改変

・信頼性係数（α係数）

　各下位尺度の項目が，どれくらいまとまっているかをあらわす値です。この値がある程度の数値（.70から.80）以上であれば，尺度の内的整合性が高い，つまり，まとまっているとみなされます。

・因子得点

　測定したすべての変数から推定された，因子の得点。さまざまな推定方法があります。後の分析に因子得点を用いる場合は，この得点がその下位因子に属する項目だけでなく，全項目から推定されたものであることに注意する必要があります。

・因子構造

　因子と測定した変数との相関係数を用いて因子を解釈するときに，その相関係数を因子構造といいます。直交回転を用いた場合は，因子構造と因子負荷量が一致します。斜交回転を用いた場合は，一致しません。

(3)因子分析と主成分分析の違い

　因子分析と主成分分析は，どう違うのか？どのように使い分けるのか？といった疑問がある人もいるかもしれません。それは，同じ標本データをどちらの分析でも使うことができたり，結果が同じようにみえたりするからかもしれません。

　しかし，このふたつの分析方法は，全く違うものです。

　因子分析は，データを分解しているのに対して，主成分分析はデータを積み上げている方法です（朝野, 2000）。

　例えば，生徒たちに試験をしたらできのいい子はどの科目も成績がよかったとします。その各科目の成績の背後には「一般的な知能因子」が存在しているのではないかと予想できるのではないでしょうか。そして，それは「理数系能力」と「語学系能力」に分かれるのではないかと考える研究者もいました。このような分析が因子分析によってなされてきました。

　それに対し，主成分分析は例えば，生徒たちに試験をしてその合計得点を算出するときに使われたりしています。国語と数学の合計得点を算出する時を考えてみましょう。国語の平均点が 70 点（標準偏

差：SD 20）で，数学の合計得点が 50 点（標準偏差：SD 10）だった試験があったとします。国語が得意な A くんは国語が 90 点で数学は 40 点で，合計は 130 点でした。一方，数学が得意な B くんは国語が 50 点で数学が 60 点で，合計は 110 点でした。単純に足し合わせた合計得点では，国語の得点の影響がより大きく反映してしまうことがわかります。この合計得点で順位などを決めると，上位には国語の得意な生徒ばかりがならぶことになります。このような場合，主成分分析を用いて，各教科の点数に重み付けをして，合成得点を算出することが行われています。

このふたつの分析方法は，研究する人の目的によって使い分ける必要があります。通常，質問紙調査で得られた標本データから，その背後にある仮説的な概念（因子）を抽出しようとする場合，因子分析を用います。

(4)論文・レポートでの記述例

具体例を示しました。大規模調査では，標本データが，先行研究と比較して偏りがないことを示します。教師ならば，全国規模の調査を行うことは少ないと思いますので，記載しませんでした。

因子分析の結果を表にするときには，因子負荷量（因子パターン），各変数の共通性（直交回転を用いた場合），各因子の寄与率（直交回転を用いた場合），因子間相関係数行列（斜交回転を用いた場合）を含める必要があります。

また，結果を記した本文中には，
・因子負荷量の推定方法（最尤法や最小 2 乗法など）
・因子の回転方法（プロマックス回転やバリマックス回転など）
・因子数選択の方法
・因子分析モデルの適合の程度についての情報
・使用した統計パッケージとそのバージョン
について説明する必要があります（市川, 1999）。

本調査は，●●●名からの回答を得ることができた。そのうち，欠損値を含んだ●名を除いた 200 名分の回答を分析に用いる。

　まず，学校生活充実感に関する尺度の各項目について項目分析を行った。「全くそう思わない」を 1，「そう思わない」を 2，「あまりそう思わない」を 3，「少しそう思う」を 4，「そう思う」を 5，「とてもそう思う」を 6 として得点化した。項目ごとの平均値と標準偏差は Table1 に示す通りである。

Table1　各項目の平均値と標準偏差

	変数名	平均値	標準偏差
①	学校生活が楽しい。	3.720	1.791
②	友だちと楽しく過ごしている。	3.985	1.538
③	毎日、充実している。	3.650	1.692
④	学校ではリラックスしている。	3.545	1.562
⑤	自分の好きなことができている。	3.590	1.714
⑥	仲間と頑張って何かに打ち込んでいる。	3.735	1.755
⑦	家族と過ごすことは楽しい。	4.095	1.565
⑧	自分に満足している。	3.550	1.795

　学校生活での充実感に関する項目について因子分析（最尤法・プロマックス回転）を行った。なお，統計学的検討は HAD15.0 を用いた。因子数の決定については，固有値の変化（3.75, 1.01, 0.76, 0.59, …）と因子の解釈可能性に基づいて 2 因子を採用した。その結果を Table2 に示す。

　第 1 因子は 5 項目で構成されており，生活の楽しさや充実感などを表す項目が高い負荷量を示していた。そこで「生活充実」因子と命名した。

　第 2 因子は 3 項目で構成されており，自分がリラックスしたり，好きなことができたりしていることを表す項目が高い負荷量を示していた。そこで「自己充実」因子と命名した。

　内的整合性を検討するために，α 係数を算出したところ，生活充実が $\alpha = .82$，自己充実が $\alpha = .66$ であった。

Table2　学校生活の充実感項目の因子分析結果

項目		I	II
I：学校充実			
①	学校生活が楽しい。	.82	-.09
⑦	家族と過ごすことは楽しい。	.70	-.08
②	友だちと楽しく過ごしている。	.64	.06
⑥	仲間と頑張って何かに打ち込んでいる。	.63	.04
③	毎日、充実している。	.46	.31
II：自己充実			
④	学校ではリラックスしている。	-.09	.68
⑤	自分の好きなことができている。	-.06	.61
⑧	自分に満足している。	.24	.53
因子間相関	I	-	.71

引用文献

朝野熙彦(2000) 入門 多変量解析の実際 第2版 講談社

市川雅教(1999) 4 因子分析と共分散構造分析 繁桝算男・柳井晴夫・森敏昭（編著） Q&Aで知る 統計データ解析―DOs and DON'Ts― サイエンス社

石井秀宗(2010) 統計分析のここが知りたい―保健・看護・心理・教育系研究のまとめ方 文光堂

清水裕士(2016) フリーの統計分析ソフトHAD：機能の紹介と統計学習・教育，研究実践における利用方法の提案 メディア・情報・コミュニケーション研究, 1, 59-73.

田中 敏・山際 勇一郎(2004) ユーザーのための教育・心理統計と実験計画法―方法の理解から論文の書き方まで 教育出版

第2節　尺度を作る

　教師が，大規模調査を行って，尺度を作成することはほとんどないと思います。しかし，興味のある方は，是非やってみてください。尺度がより的確なものになるように，因子分析のやり方に，いろいろな約束ごとやルールが増えます。ここでは，簡単に説明しますが，尺度を作る方は必す成書を読んで挑戦してみてください。

(1)尺度作成のための大きな流れ

　尺度作成のための大きな流れを説明します。

STEP1~3
1. 仮説をつくるための先行研究の調査
2. 予備調査（予備尺度の作成と検討，信頼性，妥当性の確保）
3. 本調査(信頼性，妥当性の確保)

1)仮説をつくるための先行研究の調査
　第2部第5章で述べたように，因子分析は，それぞれの関係から因子を導き出す分析です。したがって，むやみにデータを集めても，因子を導き出すことはできません。先行研究を調べて，仮説をたてることが重要です。いろいろな論文を読むことで，仮説を充実させます。質的・量的研究では，妥当性・信頼性が求められますので先行研究を読むことは必要です。

2)予備調査
　その立場の専門家よりお話を聞いたり，先行研究も踏まえて予備尺度を作成します。さらに，数名に予備尺度を行ってもらい，信頼性，妥当性の確保に努めます。天井効果やフロア（床）効果がある項目の検討をします。項目が不適切な分布にならないように予備調査で検討します。天井効果とは，最大値に偏ってしまい独立変数の効果が検出できない場合をいいます。フロア効果とは，最小値に偏ってしまい独立変数の効果が検出できない場合をいいます。

3)本調査
尺度を作成するための標本データの収集
　項目数の5~10倍の標本データを集めればよいといわれています。標本は母集団の一部であるため，被験者の数が必要になります(石井，2010)。さらに，偏りなく集めることも重要です。標本データの収集も信頼性の確保に関わります。

4)信頼性，妥当性の確保
　因子パターン(負荷量)，共通性，信頼係数 α 係数の検討が必要です。

第5章1節の事例では，最大が.936，次に多いものは.925でした。2つの項目に，高い因子パターン(負荷量)を示すものは，因子構造が安定していないということです。尺度作成をする上で，このような項目がでたら，どちらか削除して，検定をやりなおす必要があります。また，因子パターン(負荷量)が.35以下のものも同様な手続きをします。もちろん，共通性などの検討も必要です。下位尺度ごとの信頼係数α係数の検討もします。信頼係数α係数は，.75以上.95未満ぐらい必要です。ただし，項目数が少なければ，α係数は低くなります。

脇田・浦上(2005)は，尺度作成の上での削除対象になる項目を次のように示しています。

1. 項目レベルで平均値，標準偏差，分布に逸脱のある項目
2. 複数の因子に同程度の因子負荷量を持つ項目
3. いずれの因子にも因子負荷量が低い項目
4. 下位尺度を構成した場合に信頼性を著しく下げる項目
5. 同一因子内の他の項目と内容的に整合しない項目

なお，因子分析には，探索的因子分析・確認的因子分析があり，HADにも機能があります。詳しくは成書をお読みください。

(2)信頼性，妥当性
何回もでてくる信頼性，妥当性について，改めて説明します。
尺度や項目が，実際に測定している特性を，どの程度精度良く測定しているかを考える概念です。妥当性とは，尺度や項目が実際に測定している特性が，自分が対象としている心理特性をどの程度きちんととらえているかを考える概念です。(石井，2010)

それぞれをもう少し詳しく説明します。

1)妥当性
妥当性には，下記の3種類があります。
・基準関連妥当性：似たような他の測定基準との相関によって評価された妥当性
・内容的妥当性：内容が専門家の目で判断されて確認された妥当性（主観的になりやすい）
・構成概念妥当性：テスト得点に基づいて構成概念に対する推論・解釈をするとき，その推論・解釈を支える証拠の適切性に対する統合的な評価(Messick，1989)

2)信頼性
信頼性は，大きく分けて下記の2種類があります。

①一貫性による方法

項目得点

α係数＝項目数/(項目数－1)×（1－項目得点の分散の合計/合計点の分散）

再検査信頼性とは異なりα係数は1回行えば計算することができます。

エクセルでのCronbachのα信頼性係数の見本を提示します（表5-1）。

表5-1　エクセルでのCronbachのα信頼性係数の見本

被験者	1	2	3	4	5	合計
1	4	3	4	3	2	16
2	4	2	2	2	3	13
3	5	4	3	3	5	20
4	4	3	4	3	4	18
5	3	2	3	3	4	15
6	3	2	3	3	2	13
7	5	5	5	4	4	23
8	4	4	4	4	3	19
9	4	4	3	4	3	18
10	3	3	5	4	3	18
分散(var)	0.544	1.067	0.933	0.46	0.9	9.78889

3.9

α係数　　0.752　＝　　5/(5-1)*(1-3.9/9.7889)

　一般的に信頼性係数の値は0.7以上，0.5を下回るような尺度は使うべきではないとされています。項目数が多くなるとα係数が大きくなる傾向があり，被験者の負担を考えると項目数10〜20項目で，信頼性係数が0.8~0.7が望ましいとされています（石井，2010）。

②再検査信頼性係数

　被験者が短期間で変化しないことを前提として，一定の時間をあけて同一被験者に同一試験を繰り返した結果間の相関です。実際には1〜2週間の間隔をあけて試験を繰り返すことが多いです。

引用文献

石井秀宗(2010) 統計分析のここが知りたい—保健・看護・心理・教育系研究のまとめ方　文光堂

Messick, S. (1989). Validity. In R. Linn (Ed.),. Educational measurement (3rd ed., pp. 13–103). Washington, DC: American Council on Education /.

脇田貴文・浦上昌則(2005) 調査後の分析の流れ ver2.02

　https://www.ic.nanzan-u.ac.jp/~urakami/pdf/ch3_v202_web.pdf

第2部第6章　因果モデルの仮説を明らかにする
－共分散構造分析－

　共分散構造分析とは，標本データから分析者が自ら「因果モデル」を作成し，そのモデルが正しいか正しくないか検定したり，その構造を明らかにすることができるものです。ここでいう因果モデルとは，ある変数が別の変数に影響を与えることや影響を受けることを扱うモデルのことです。

　共分散構造分析は，より広義な呼び方である SEM（セム）と呼ばれることもあります。SEM は Structural Equation Modeling （構造方程式モデリング）の頭文字をとったものです。また，量的研究法には，聞き慣れない言葉がたくさんでてきます。投げ出したくなるかもしれませんが，統計ソフトを用い，データを分析して，その後もう一度，第2部第1章に戻ってください。自分の分析の理解が進むと思います。

(1)共分散構造分析の手順
　共分散構造分析を実施する場合，通常以下のような手順で行います。

STEP1〜6　分析手順
1. 理論または仮説に従って，モデルのパス図を描く
2. 構成概念を測定する指標（観測変数）を決める
3. データを収集するための調査計画や実験計画を立てデータ収集する
4. 収集したデータをモデルに当てはめてパス係数を推定する
5. 適合度を確認する
6. 必要なら Step1 の仮説の範囲内でモデルを微修正する

（朝野・鈴木・小島, 2005 を一部改編）

(2)用語の説明
1)パス図
　分析者が変数間の関係について仮説を立て，それを図で示したもののことを「パス図」と呼びます。パス図の例は，後の事例のところでも示します。

　パス図を描く際には，一定の決まりがあるのでそれに沿って描くようにします。アンケート調査や実験，観測などで得られた標本データを「観測変数」といい，パス図では四角に囲んで表現します。また，実際に得た標本データではないが，そこから予測したり仮定した変数を「潜在変数」といい，パス図では楕円で囲んで表現します。

　相関関係を双方向の矢印，予測（説明）関係を単方向の矢印で表現します。誤差は丸で囲むこともありますが，丸が省略されることもあります。

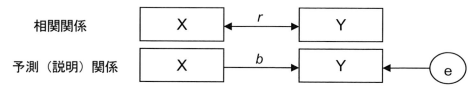

図6-1　相関関係および予測（説明）関係を表すパス図（石井, 2014）

2)パス係数

予測（説明）関係の大きさを表す数値で，パス図では矢印のそばに書き入れ，有意水準（*, **,***など）も書き入れます。このパス係数は，（重）回帰分析や共分散構造分析などで算出される，標準偏回帰係数を用います。

3)適合度

適合度は，モデルが正しいか判断するための指標です。HAD ではいくつかの適合度を確認することができます。

①X^2検定

因果モデル全体が正しいかどうかの検定を行い，帰無仮説が保持されるとき，モデルはデータに適合していると考え，棄却されるときはモデルがデータに適合していないと考えます。

標本サイズが大きければ有意になる可能性が高まるため，モデルの適合度の評価にはあまり用いられません（石井, 2014）。

②GFI

0 から 1 までの値をとり，1 に近いほど説明力の高いモデルとされます。0.9 以上であれば，モデルがデータによく適合していると考えられます。

③AGFI

GFI がパラメタを増やすと値が大きくなる性質があるため，それを修正したもの。0 から 1 までの値をとり，1 に近いほどデータのあてはまりの良いモデルとされます。0.9 以上であれば，モデルがデータによく適合していると考えられます。

④RMSEA

0.05 以下であれば，モデルがデータによく適合していると考えられます。

⑤AIC

複数のモデルの適合度を比較する指標です。AIC の値が小さいモデルのほうが，データに対する適合が良いモデルと考えられます。

(3)モデルのきまり

収集したデータをモデルに当てはめ分析を実行する際，そのモデルにはいくつかきまりがあります。原則的には以下のきまりに従ってモデルを設定します。HAD では，後述するモデリングシートに入力するときのきまりになります。

モデルを設定する際の原則的な規則

①内生変数には誤差項が付随する
②外生変数には誤差項が付随しない
③構造的な外生変数間には，原則として共分散を設定する

④誤差項は外生変数だが，納得できる積極的理由が存在して解釈可能でない限り，原則として誤差項には共分散を設定しない
⑤内生変数間には共分散を設定しない
⑥外生変数の分散は，誤差項も含めて，原則として推定すべき自由母数とする。内生変数の分散は，母数の関数なので自由母数としない
⑦潜在変数の測定指標のうち，いずれか1個の因子負荷を1に固定する

(朝野・鈴木・小島, 2005 を一部改編)

(4)共分散構造分析の事例
1)パス解析

パス解析は重回帰分析を含むモデルの分析で，扱われる変数は観測変数と誤差のみで，潜在変数を用いません。

「クラス活動への積極的な取り組みは学校生活の充実感に影響を及ぼし」，「学校生活の充実感は生活の充実感に影響を及ぼす」さらに，「クラス内の親しさは学校生活の充実感と生活の充実感に影響を及ぼす」という仮説について検討することにします。「クラス活動への積極的な取り組み」と「クラス内の親しさ」は伊藤・松井（2001）の学級風土尺度の一部を用いました。

「クラス活動への積極的な取り組み（X_1）」，「クラス内の親しさ（X_2）」，「学校生活充実感（X_3）」，「生活充実感（X_4）」という4つの変数の平均，標準偏差，共分散行列，相関係数行列を表6-1に示します。これをみると，クラス活動への積極的な取り組みが高いと学校生活充実感が高く（$r=.96$），学校充実感が高いと生活充実感が高い（$r=.68$）という関連が考えられます。また，クラス内の親しさが高いと学校充実感が高く（$r=.73$），生活充実感が高い（$r=.92$）という傾向もみられます。

共分散行列や相関係数行列といった記述統計量を確認することは，変数間の関係を予想してパス図を描く際に非常に参考になります。

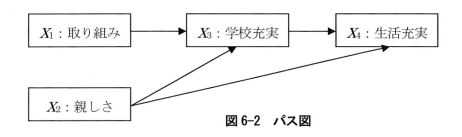

図6-2　パス図

表6-1　各変数の記述統計量（$n=200$）

	変数	平均	標準偏差	共分散 X_1	X_2	X_3	X_4	相関係数 X_1	X_2	X_3	X_4
X_1	クラス活動への積極的な取り組み	3.93	1.39	1.92				1			
X_2	クラス内の親しさ	3.72	1.28	1.12	1.64			.63	1		
X_3	学校生活充実感	3.99	1.27	1.69	1.19	1.61		.96	.73	1	
X_4	生活充実感	3.56	1.32	1.16	1.56	1.14	1.75	.63	.92	.68	1

①HADのモデリングシートへの入力

それでは，実際のHADでの分析をSTEPにそって見ていきましょう（画面6-1）。

> **STEP1〜3　分析手順（モデリングシート）**
> 1. 因子分析を押して構造法的式モデルを押す
> 2. SEMを押す
> 3. モデルスペースを押して開く

画面6-1　共分散構造分析のモデリングシート

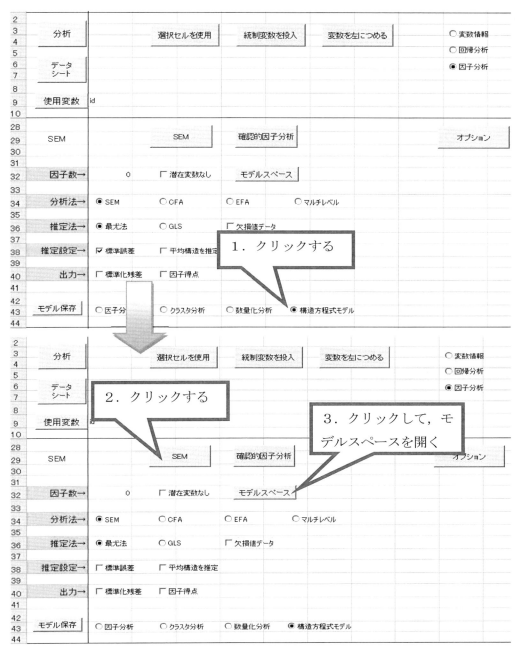

②**HAD のモデルスペースへの入力**

画面 6-2 にモデルスペースへの入力の仕方を示します。

画面 6-2　モデルスペース

45				X_1 と X_2 に共分散を設定		
46	構造方程式		パスを推定		共分散を推定	
47	モデリング					
48		X_1 から X_3 へのパス				
49	初期化	外生変数	X1	X2	X3	X4
50		X1	v:	c:		
51	因子増やす	X2		v:	X_3 から X_4 へのパス	
52		X3	p:	p:	v:	
53		X4	p:	p:	p:	v:
54	因子減らす					
55		X_2 から X_3 と X_4 へのパス				
56						
57						
58	制約→					
59	グループ→					

モデルスペースへの入力は次のアルファベットと記号を使います。

- 変数から変数へのパス　　　　　p:
- 共分散　　　　　　　　　　　　c:
- 観測変数の分散　　　　　　　　v:

　ここで，「クラス活動への積極的な取り組み（X_1）」，「クラス内の親しさ（X_2）」は外生変数となるので，各変数間に共分散を設定しました。

　外生変数とは，他の変数から予測されていない，つまりひとつも矢印を受けていない変数のことです。それに対し，内生変数とは，単方向の矢印を受けている変数をいいます。

　モデルを設定する規則でも述べた通り，外生変数間には原則的に共分散を設定します。

③**HAD の結果**

　画面 6-3 に，分析を実行した結果のシートを示します。このとき「モデルの適合度」と「標準化解」をみます。結果のパス図には，モデルの適合度と，いずれも標準化解のパス係数，相関係数，分散を示します。

画面 6-3　パス解析の結果

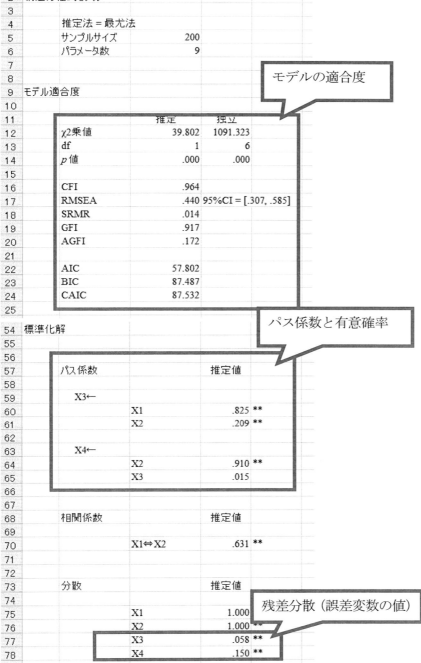

$R^2 = 1 -$ 誤差変数の分散，

R^2 は，重決定係数(寄与率)といい $0 \leq R^2 \leq 1$ が成り立ち，1 に近いほど，重回帰式がデータに当てはまっていると考えます。標準化解では，各変数の分散は 1 になります。

これらの結果図は，図 6-3 のように示すことができます。

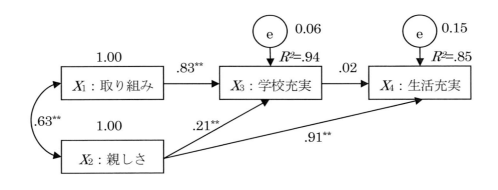

X^2=39.802, df =1, p =.00
AGFI =.172, RMSEA = .440, CFI = .964

図6-3　パスモデルの分析結果（標準化解）

④直接効果と間接効果

図を見ると，親しさから生活充実感への影響は，直接のパスと学校充実感を経由する間接のパスがあることがわかります。前者を直接効果，後者を間接効果といいます。どちらの効果が大きいのか議論することがあるかもしれません。また，直接効果と間接効果を合計したものを総合効果と呼びます。

それぞれの効果の大きさは，パス係数及びその積で表されます。

事例では，

直接効果：パス係数の.91 となります。

間接効果：親しさから学校充実感へのパス係数（.21）と学校充実感から生活充実感へのパス係数（.02）の積，.21×.02 = .004 となります。

したがって，親しさから直接生活充実感へ及ぼす影響のほうが，学校充実感を媒介するよりも大きいと考えられます。

⑤論文の書き方

結果のパス図には可能な限り，すべての要素を描くことが望ましいですが，スペースの問題や図が煩雑になる場合は，適度な範囲で省略してもかまいません。ただし，省略した場合は，そのことを図の下部などに明記しなければなりません。

> **モデルの検討**　クラス活動に積極的に取り組むクラスの雰囲気が，学校生活に対する充実感に影響を及ぼし，そして，学校生活に対する充実感が自分自身や生活全体の充実感に影響を及ぼす。また，クラス内の親しさは，学校生活に対する充実感や自分自身や生活全体の充実感に影響を及ぼすというモデルを想定し，パス解析を行った（Figure1）。モデルの適合度は，X^2=39.802, *df* =1, *p* =.00, AGFI =.172, RMSEA = .440, CFI = .964 であった。

クラス活動に積極的に取り組むクラスの雰囲気は，学校生活に対する充実感を高めていた。そして，クラス内の親しさは学校生活に対する充実感と自分自身や生活全体に対する充実感を高めていた。

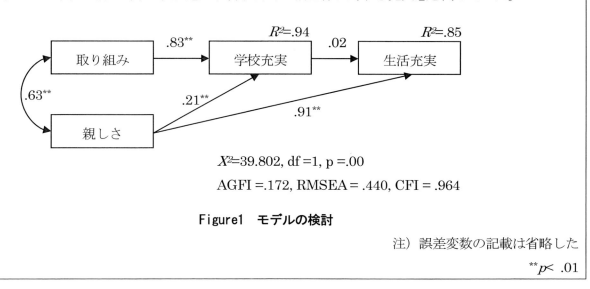

Figure1　モデルの検討

注）誤差変数の記載は省略した

**p< .01

2)確認的因子分析（CFA）

確認的因子分析とは，因子（潜在変数）とその因子を測定する観測変数の組をモデル化し，モデルがデータに適合するかどうかを評価する分析方法です（石井, 2014）。因子分析の項で実施した分析が，どのような因子が見いだされるか想定せずに行うため，探索的因子分析と呼ばれるのに対して，見いだされる因子をあらかじめ仮説を立ててモデル化し因子分析を行うため，確認的因子分析，あるいは確証的因子分析などと呼ばれます。

ここでは伊藤・松井（2001）の学級風土について尋ねた質問項目一部について確認的因子分析を行います。表に分析に使用した各項目の内容と，平均，標準偏差，相関係数を示します。

表 6-2　各項目の内容と，平均，標準偏差，相関係数

		平均値	標準偏差	X1	X2	X3	X4	X5
F1：クラス活動への積極的な取り組み
X1	行事などクラスの活動に一生懸命取り組む	4.11	1.62	1				
X2	先生に言われた以上に作業や活動をする	3.81	1.72	.53**	1			
X3	クラスの活動に自分から進んで参加する	3.87	1.66	.57**	.50**	1		
F2：クラス内の親しさ
X4	このクラスではお互いにとても親切だ	3.47	1.53	.40**	.31**	.45**	1	
X5	このクラスはみんな仲が良い	3.69	1.63	.39**	.27**	.41**	.50**	1
X6	学校に限らず個人的にも仲が良い	4.01	1.64	.52**	.49**	.53**	.42**	.45**

**p< .01

図 6-4 のモデルを検証します。

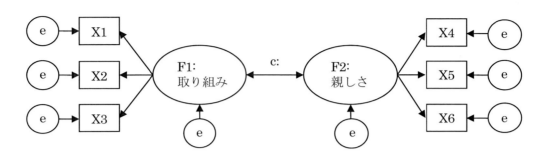

図 6-4　パス図

①HAD のモデリングシートへの入力

画面 6-4 に確認的因子分析のモデリングシートへの入力例を示します。

画面 6-4　確認的因子分析のモデリングシート

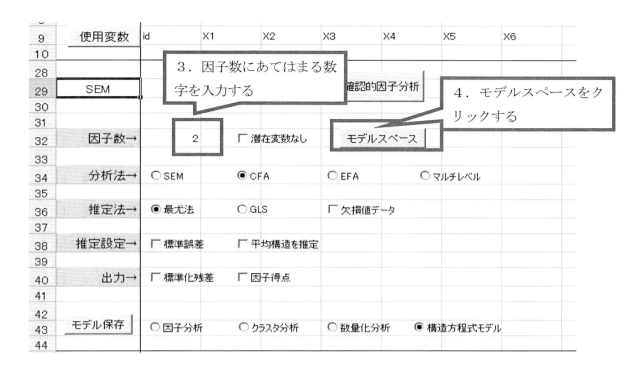

②モデルスペースへの入力

画面 6-5 に確認的因子分析のモデルスペースへの入力例を示します。

モデリングシートへの入力は次のアルファベットと記号を使います。

・因子から観測変数へのパス　　　　　　　p:
・共分散　　　　　　　　　　　　　　　　c:
・観測変数の分散　　　　　　　　　　　　v:

画面 6-5　確認的因子分析のモデルスペース

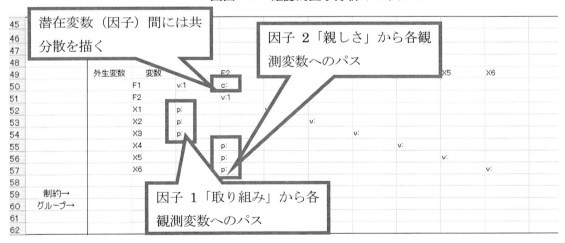

HAD のデフォルトでは，潜在変数（因子）の分散が 1 に固定されています（v:1）。

「オプション」の「出力の設定」で「確認的因子分析の結果をサイズで並び替える」にチェックします。

「分析実行」をクリックします。

③HAD の結果

「CFA」というシートに結果が出力されます。モデル適合度と因子パターン行列をチェックします。

画面 6-6 確認的因子分析の結果

2	確認的因子分析		
3			
4	推定法 = 最尤法		
5	サンプルサイズ	200	
6	パラメータ数	13	
7			
8			
9	モデル適合度		
10			
11		推定	独立
12	χ^2乗値	17.268	404.685
13	df	8	15
14	p値	.027	.000
15			
16	CFI	.976	
17	RMSEA	.076	
18	SRMR	.040	
19	GFI	.970	
20	AGFI	.922	
21			
22	AIC	43.268	
23	BIC	86.146	
24	CAIC	86.211	
25			
26			

因子パターン	※因子負荷量のサイズでソートしています		
項目	Factor1	Factor2	共通性
X3	.766	.000	.587
X1	.764	.000	.583
X2	.663	.000	.440
X6	.000	.756	.572
X4	.000	.626	.391
X5	.000	.620	.384

④論文の書き方

　学級風土尺度の確認的因子分析　学級風土尺度の項目が事前の予想通りの 2 因子構造となることを確かめるために，HAD を用いた確認的因子分析を行った。2 因子からそれぞれ該当する項目が影響を受け，因子間に共分散を仮定したモデルで分析を行ったところ，適合度指標は，X^2= 17.268，df= 8，p= .027，AGFI =0.922，　RMSEA= 0.076, CFI = 0.976 であった。因子間相関は.88 であった。Table1 に結果を示す。

Table1 学級風土尺度項目の確認的因子分析結果 （標準化推定値）

項目		F1	F2
クラス活動への積極的な取り組み			
X3	クラスの活動に自分から進んで参加する	.77	
X1	行事などクラスの活動に一生懸命取り組む	.76	
X2	先生に言われた以上に作業や活動をする	.66	
クラス内の親しさ			
X6	学校に限らず個人的にも仲が良い		.76
X4	このクラスではお互いにとても親切だ		.63
X5	このクラスはみんな仲が良い		.62
	因子間相関		
	F1		.88
	α係数	.77	.72

3)潜在変数間の因果関係

次に，いくつかの潜在変数間に因果関係を想定したモデルについて，事例を見ていきます。

クラス活動への積極的な取り組みとクラス内の親しさという学級風土が，学校生活の充実感に影響を及ぼすという仮説について検証します。

検証するパス図は，以下の通りになります。どこからも矢印の向けられていない「取り組み」「親しさ」以外の変数の全てに，誤差変数がつけられています。

変数 X1 から X6 は，学級風土に関する項目得点，変数 Y1 は学校生活充実感に関する 5 項目からなる下位尺度得点，変数 Y2 は自己充実感に関する 3 項目からなる下位尺度得点です。

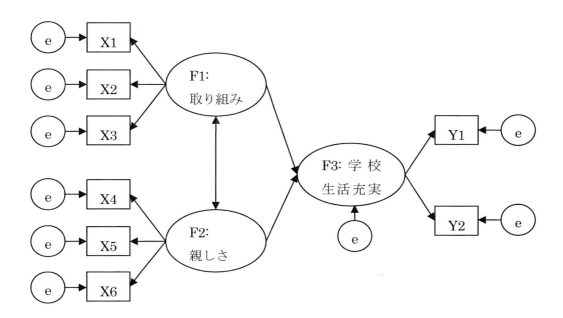

図 6-5　パス図

①HADのモデリングシートへの入力

それでは，このパス図について実際にHADでの分析を見ていきましょう。

画面6-7にHADの潜在変数間における因果関係の入力例を示します。

画面6-7　潜在変数間の因果関係のモデリングシート

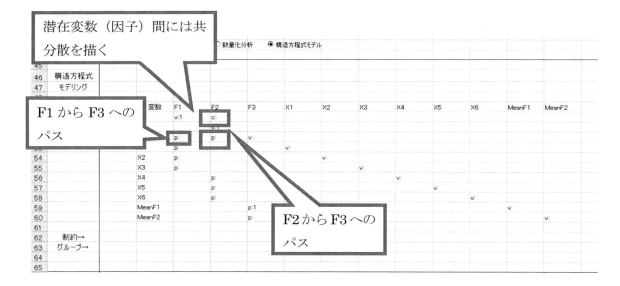

因子数にあてはまる数字を入力してから，モデルスペースをクリックします。

②HADのモデルスペースへの入力

画面6-8に潜在変数間の因果関係におけるモデルスポーツの入力例を示します。

画面6-8　潜在変数間の因果関係のモデルスペース

HADのデフォルトでは，因子1と因子2の分散が1に固定されています（v:1）。また，因子3から観測変数へのパスのうち1つの係数が1に固定されています（p:1）。

「分析実行」をクリックします。

③HADの結果

「SEM」というシートに結果が出力されます。「モデル適合度」と「標準化解」を参照します。

画面6-9　潜在変数間の因果関係の結果

2	構造方程式モデル		
4	推定法 = 最尤法		
5	サンプルサイズ	200	
6	パラメータ数	19	
9	モデル適合度		
11		推定	独立
12	χ2乗値	320.940	1538.951
13	df	17	28
14	p値	.000	.000
16	CFI	.799	
17	RMSEA	.299	95%CI = [.265, .333]
18	SRMR	.090	
19	GFI	.779	
20	AGFI	.532	
22	AIC	358.940	
23	BIC	421.608	
24	CAIC	421.703	

73	標準化解		
76	パス係数		推定値
78	F1→		
79		X1	.734 **
80		X2	.719 **
81		X3	.744 **
83	F2→		
84		X4	.653 **
85		X5	.613 **
86		X6	.740 **
88	F3→		
89		MeanF1	.899
90		MeanF2	.757 **
93	F3←		
94		F1	.817 **
95		F2	.378 **
99	相関係数		推定値
101		F1⇔F2	.876 **

④論文の書き方

学級風土が学校生活充実感に及ぼす影響　学級風土の2つの因子が学校生活充実感に及ぼす影響を検討するために、HAD15.0によるパス解析を行った。2つの因子が学校生活充実感に影響を及ぼすことを仮定して分析を行った。その結果、「クラス活動への積極的な取り組み」と「クラス内の親しさ」から「学校生活充実感」へのパスはいずれも有意であった。適合度は、X^2= 320.940, df = 17, p = .000, AGFI =0.532, RMSEA = 0.299, CFI = 0.799であった。

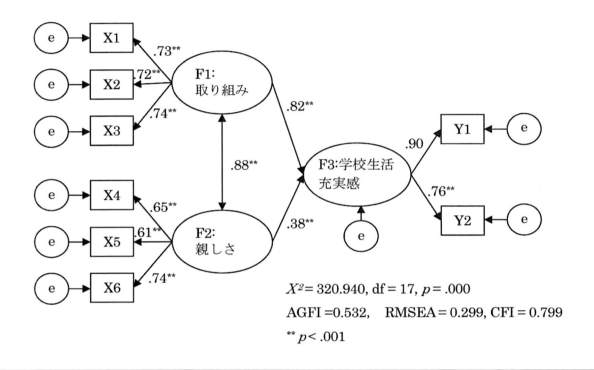

引用文献

朝野熙彦・鈴木督久・小島隆矢(2005) 入門　共分散構造分析の実際　講談社

石井秀宗(2014) 人間科学のための統計分析　こころに関心があるすべての人のために　医歯薬出版

伊藤亜矢子・松井仁(2001) 学級風土質問紙の作成　教育心理学研究, 49, 449-457.

小杉考司・清水裕士（編著）（2014）　M-plusとRによる構造方程式モデリング入門　北大路書房

清水裕士(2016) フリーの統計分析ソフトHAD：機能の紹介と統計学習・教育、研究実践における利用方法の提案　メディア・情報・コミュニケーション研究, 1, 59-73.

第2部第7章　順位分類データの検定－順位相関係数の検定－

　学校には，間隔尺度以外のデータもあります。スポーツ大会やボランティア・成績の順位をだすことが多いと思います。たとえば，道徳の授業導入前後で，ボランティアの回数の変化を検討します。ボランティアの回数を，年1回，年2回，月1回，月2回，週1回とします。したがって，このデータは，間隔・比例・名義でなく，順序を表します。回数には意味がありませんが，順序には意味があります。順位分類データの検定は，ノンパラメトリック検定です。ノンパラメトリック検定とは，包括的な検定で，母集団が不明であることを前提にしています。

　順位分類データであるため，加算減算はできません。そこで，相関の有無をそれぞれのデータに順位を付けて計算をします。これを順位相関係数といいます。検定は順位相関係数を用いて行います。また，量的研究法には，聞き慣れない言葉がたくさんでてきます。投げ出したくなるかもしれませんが，統計ソフトを用い，データを分析して，その後もう一度，第2部第1章に戻ってください。自分の分析の理解が進むと思います。

統計の基本的な考え方および HAD の機能

　順位相関係数も，繰り返されるならば「対応のある」(同一クラス)順序分類データの比較，繰り返しがない「対応なし」(異なるクラス)順序分類データがある。また，それぞれ，2つまたは，3以上の要因数によって，検定方法が異なってくる

　HAD では，モデリングシートにおける分析順序差の検定に「対応ある・なし」にチェックすれば，適切な検定方法を選択する(画面 7-1)

画面 7-1　HAD における順序分類データの機能選択

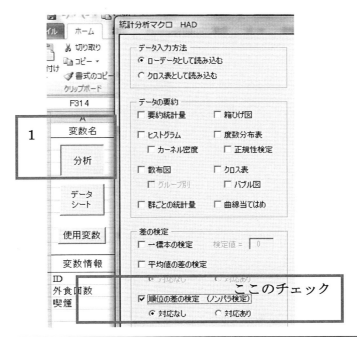

第1節　繰り返される「対応のある」順序分類データの分析

(1)対応のある順序分類データのデータシート

事例1は，道徳の授業導入による，ボランティアの回数を検討します。画面7-2に，データ入力の方法を示します。繰り返されているので，「対応のある」順序分類データです。

画面7-2　道徳授業導入直後におけるボランティア回数データシート(繰り返される順序分類データ例)

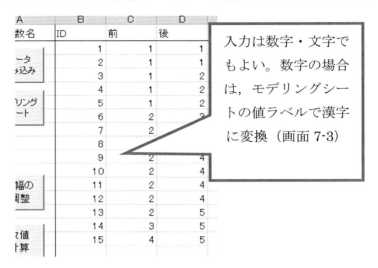

(2) HADによる順序分類データの分析手順

画面7-3，7-4にHADモデリングシートによる順序分類データの手順を示します。

STEP1～5　分析手順（モデリングシート）

1. 使用変数を押して変数を投入する
2. 入力データが数字の場合，分析を押すと下記の画面がでる(画面7-3)
3. 値ラベルで数字に，適切な言葉を入れる適用，OKを押す
4. ローデータとして読み込み，クロス表をチェック(画面7-4)
5. 順位の差の検定にチェック。同じ群ならば対応あり，異なる群ならば対応なしにチェック

画面 7-3　モデリングシートの値ラベル付け

画面 7-4　モデリングシートの分析

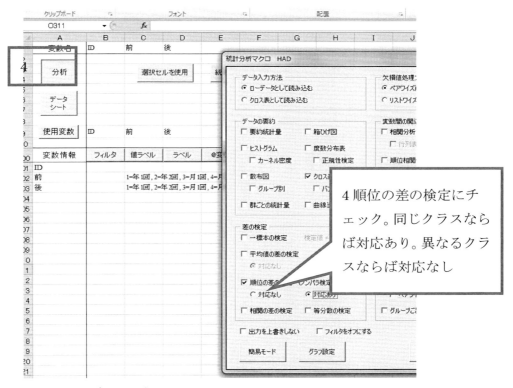

STEP1~5までできたらOKを押します。

(3)結果とその見方

HADによる本事例のNonparaシート(画面7-5),Crossシート(画面7-6)を示します。

画面7-5 Nonparaシート

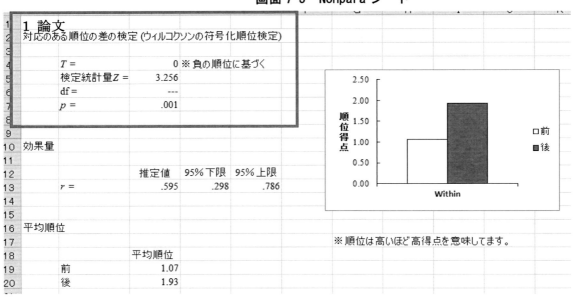

Withinとは, HADが自動的につけた参加者内要因の名

画面7-6 HADによるCrossシート

論文：論文の記載が必要な項目

1)検定統計量 Z（画面 7-5-1）

HAD では，「順位相関係数の対応のある」検定では，z 検定を用います。z 検定とは z 値を統計検定量とする仮説検定です。$df = \infty$ と設定したとき t 分布＝ z 分布となります（森・吉田，1990）。したがって，自由度はありません。

2)ウィルコクソンの符号化順位検定等

「順位相関係数の対応のある」増加の有無の検定は，2 つの順序分類データの場合，ウィルコクソンの符号化順位検定を行います。画面 7-5-1 がウィルコクソンの符号化順位検定結果，$p<.01$ です。したがって，ウィルコクソンの符号化順位検定の p 値を優先します。

他の順位相関係数における検定についても，それぞれの検定の p 値を優先します。HAD における，順序分類データの検定方法を示しました(表 7-1)。したがって，論文を書く場合，それぞれの検定方法と，その結果である p 値を書く必要があります。

表 7-1　順序分類データの検定方法

対応がある場合		対応がない場合	
2 変数の場合	3 変数以上	独立変数が 2 水準	独立変数が 3 水準以上
ウィルコクソンの符号化順位検定	フリードマンの検定	マンホイットニーの U 検定	クラスカル・ウォリスの H 検定
	多重比較		多重比較

多重比較については，第 2 部第 3-1 章で詳しく説明しています。

順位相関係数の検定を行うにあたって，HAD では，「対応のある・ない」の設定をすれば，自動的に適切な検定を選択します。

3)クラメール V（画面 7-6-2）

クラメール V とは，クラメールの連関係数と呼ばれているもので，関係を示す係数です。0～1 の間をとり，0 の場合変数は関連がなく独立していることを表します。それ以外は関連があることを表しています。χ^2 検定は，割合の有意差をみる検定です。割合の強さをみることができません。クラメール V ならば，0～1 の値をとるので，割合の強さをみる「ものさし」として比較ができます。同じ有意差でも，V （または φ 係数)が.6 と.1 の場合， V(または φ 係数)が.1 の方が関連の強さは弱く，関連性があるとは言えないことも，場合によってはあります。

HAD の 2×2 のクロス表の時は，φ 係数が自動的に計算されます。それ以外は，クラメール V が自動的に計算されます。

4)論文記載への注意

間隔・比例尺度の平均値の差を検討する場合では，95%下限95%上限の信頼区間で，検討することができます。順序分類データの場合は，それが難しいので，どの値がどのぐらいの割合(%)か示して，検討する必要があります。もちろん，n（標本数）も必要です。

(4)論文の書き方

具体例を示しました。検定法，検定統計量，自由度（事例1では，Z 検定を用いているため $df = \infty$ なし），有意結果，効果量，用いた統計ソフトとそのバージョンなどを書きます。参考にしてください。

「研究対象，その属性，調査日」は，研究方法において既に述べられていると思いますので，記載の必要がないと思います。本章では，理解を進めるために書きました。また，分析から得られた考察が重要です。各自で，先行研究を踏まえて書いてください。先行研究を踏まえれば，より一般化することが可能となります。しかし，踏まえなければ，一般化することはできませんので課題を明らかにします。図は省略しました。

15名（男●名，女○名）を対象に，道徳の授業前後でボランティアの実施状況を調査した。得られた結果について，ウィルコクソンの符号化順位検定を行った(Tabel1)。

Tabel1　道徳の授業前後のボランティア実施状況 　（n=15)

	年1回	年2回	月1回	月2回	週1回	統計的検定 （ウィルコクソンの符号化順位検定）	
前 n=15	5	8	1	1	0	検定統計量 Z =	3.256
%	33.3	53.3	6.7	6.7	0	p =	.001
後	2	3	3	4	3		
%	13.3	20.0	20.0	26.7	20.0		

その結果，道徳の授業前後でボランティアの回数は，有意な差（検定統計量 Z=3.256 ，p<.001，r=.595）があった。具体的には，年1回33.3%から13.3%，年2回53.3%,から20.0%，月1回6.7%,から20.0%，年月2回6.7%から26.7%，週1回0%から20.0%となった。道徳の授業がボランティア活動の増加に何らかの影響を与えていることが統計的に明らかになった。なお，統計学的検討はHAD15.0を用いた。

第2節　繰り返されない「対応のない」順序分類データの分析

(1)対応のない順序分類データの手順

事例2　外食回数と喫煙状況を比較しました。外食回数は月1回，月2回，週1回，週2回，週3回以上，喫煙は，吸わない，1日半箱，1日1箱という選択です。

HADにおけるデータシート（一部省略）

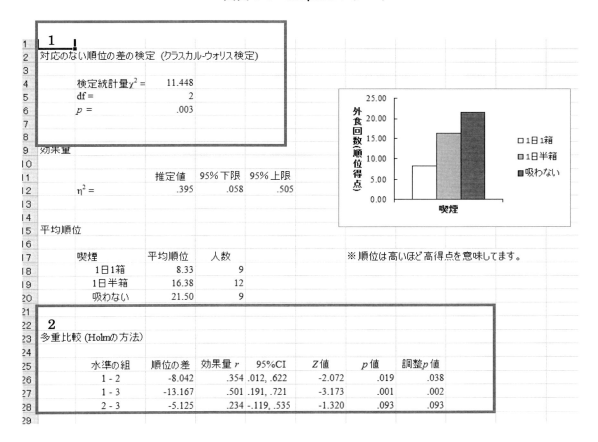

画面7-7　Nonpara r シート

(2)結果の見方

1)事例 1 を参考にしてください。

2)検定の選択と多重比較

事例 1 では，「対応のある順位分類データ」でした。検定方法は，ウィルコクソンの符号化順位検定でした。事例 2 では，「対応のない 3 水準の順位分類データ」です。クラスカル・ウォリス検定が自動的に選択され(画面 7-7-1)，多重比較が行われています(画面 7-7-2)（多重比較の解釈は，第 2 部第 3 章第 1 節分散分析を参照）。したがって，モデリングシートの分析，順位差検定のチェックの選択に注意してください。

3)論文の記述

事例 1 と異なるところを説明します。表の作成にあたって「対応のない」比較ですので，n（標本数）は，欄外に書くのでなく，外食・喫煙の欄にそれぞれ合計を書くことになります。

(3)その他統計の理解をすすめるために

1)統計的検定

n（標本数）が多くなっても，順位分類データは，t 検定や分散分析を用いません(石井，2010)。

では，心理尺度の場合は，順位尺度か，間隔尺度か議論が分かれてきます。心理学でよく使用されるのは，「1.とても良かった」「2.良かった」「3.普通」「4.良くなかった」「5.とても良くなかった」です。心理学者は，間隔尺度に入れています。

順位相関係数の検定や他の検定においても，n（標本数）が大きくなれば，有意な差が出やすくなり，統計的検定の特徴です。

2)スピアマンの順位相関係数とケンドールの順位相関係数

順位相関係数には，スピアマンの順位相関係数とケンドールの順位相関係数があります。

一般的にスピアマンの順位相関係数の方が，情報量が多いとされています（石井，2010）。HAD では，スピアマンの順位相関係数（偏順位相関係数）を出力します。

分析の結果，いろいろな言葉や記号がでてきます。簡単な説明については，一部第 2 部第 1 章に記載しています。ご覧ください。

引用文献

石井秀宗(2010) 「統計分析のここが知りたい―保健・看護・心理・教育系研究のまとめ方」『文光堂』

清水裕士(2016) フリーの統計分析ソフト HAD：機能の紹介と統計学習・教育，研究実践における利用方法の提案　メディア・情報・コミュニケーション研究, 1, 59-73.

森　敏昭・吉田寿夫(1990)「心理学のためのデータ解析テクニカルブック」『北大路書房』

第2部第8章　学年別進路希望の比較－名義分類データの検定－

　学校には，間隔尺度のデータだけでなく，性別や学年，出身小学校など名義尺度に基づくデータも多くあります。順序を付けることができないデータです。そのため，度数に注目する統計処理を行います。名義分類データの検定は，ノンパラメトリック検定です。ノンパラメトリック検定とは，包括的な検定で，母集団が不明であることを前提にしています。また，量的研究法には，聞き慣れない言葉がたくさんでてきます。投げ出したくなるかもしれませんが，統計ソフトを用い，データを分析して，その後もう一度，第2部第1章に戻ってください。自分の分析の理解が進むと思います。

(1)名義分類データの2検定

名義尺度の検定には主に2つの検定を行います。

---

1. 連関の分析

　HADでは，クラメールVまたはファイ(以下φ) 係数が自動的に表示される

2. χ^2検定またはFisher の直接確率計算法の有意差の検定

　有意差の検定とは，「偶然生じたといえる確率は無視できるほど低い(5%の確率を用いることが多い)」場合，有意な差があるとして「帰無仮説」が棄却され，「対立仮説」が支持される。HADでは，χ^2検定またはFisher の直接確率計算法が自動的に表示される

---

(2)名義分類データのデータシート

　事例は，学年（1年と3年）による進路希望校（私立，公立，国立）を検討します（画面8-1）。学年も進路希望校も名義尺度です。

画面8-1　学年と進路希望校のデータシート（一部省略）

ID	学年	希望校
1	1年生	国立
2	1年生	国立
3	1年生	国立
4	1年生	国立
5	1年生	国立
6	1年生	国立
7	1年生	国立
8	1年生	国立
9	1年生	国立
10	1年生	国立
11	1年生	国立
12	1年生	国立
13	1年生	私立
14	1年生	私立
15	1年生	私立
16	1年生	私立
17	1年生	公立
18	1年生	公立
19	1年生	公立
20	1年生	公立
21	1年生	公立
22	1年生	公立
23	1年生	公立
24	3年生	公立
25	3年生	公立
26	3年生	公立
27	3年生	公立
28	3年生	公立
29	3年生	私立
30	3年生	私立

モデリング　Hist　Cross　Simple　Grou

(3)HADによる名義分類データの分析手順

画面8-2に名義尺度のモデリングシートを示します。

STEP1～2　分析手順（モデリングシート）
1. 分析を押す
2. 統計分析マクロのクロス表をチェックしOKを押す

画面8-2 名義尺度のモデリングシート

(4)結果とその見方

画面8-3本事例のCrossシートを示します。

画面8-3　本事例のCrossシート

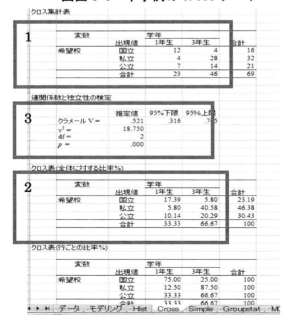

1)クロス表(1，2)

　クロス表とは，名義尺度または順序尺度の変数について，各変数の水準の組みあわせにどれだけのデータがあるのか表にしたものをいいます(石井，2010)。1 は度数，2 は％のクロス表です。表 8-1 のように，度数と％を一緒に書いて一つの表にしてもよいです。

表 8-1　学年別進路希望　　（名）

変数	出現値	学年		合計
		1 年生	3 年生	
希望校	国立	12	4	16
	％	17.39	5.80	23.19
	私立	4	28	32
	％	5.80	40.58	46.38
	公立	7	14	21
	％	10.14	20.29	30.43
	合計	23	46	69
	％	33.33	66.67	100

2)クラメール V (画面 8-3-3)

　クラメール V とは，クラメールの連関係数と呼ばれているもので，関係を示す係数です。0～1 の間をとり，0 の場合変数は関連がなく独立していることを表します。それ以外は関連があることを表しています。χ^2 検定は，割合の有意差をみる検定です。割合の強さをみることができません。クラメール V ならば，0～1 の値をとるので，割合の強さをみる「ものさし」として比較ができます。同じ有意差でも，V （または ϕ 係数)が.6 と.1 の場合，V(または ϕ 係数)が.1 の方が関連の強さは弱く，関連性があるとは言えないことも，場合によってはあります。

　HAD の 2×2 のクロス表の時は，ϕ 係数が自動的に計算されます。それ以外は，クラメール V が自動的に計算されます。

3) χ^2 検定(画面 8-3-3)

　学年と進路希望校に差があるか χ^2 検定を行い，$p<.01$ で有意に差があります。

　χ^2 検定とは，χ^2 統計量というものをデータから計算してその値の大きさと自由度の値に基づいて統計的優位性を判断しています（石井，2010）。χ^2 検定においても，n（標本数）が大きくなれば，有意な差が出やすくなります。したがって，標本数をみることが重要です。HAD は，Fisher の直接確率は，2×2(2 水準と 2 水準)のクロス表で，40 人以下の人数の場合のみに出力されます（清水，2016）。下記の事例 2 では，χ^2 検定の結果，$p=.01$，Fisher の直接確率計算法の結果，$p=.048$ となります。Fisher の直接確率計算法の方が，有意差が出にくいのです。論文では，有意差がでにくい Fisher の直接確率計算法を優先します。

また，χ^2 検定は，クロス表の縦横の割合が一定であるかについて検定しています。したがって，増減の検定には向きません。

(5) χ^2 検定および Fisher の直接確率計算法を用いた論文の書き方

χ^2 検定および Fisher の直接確率計算法を用いた具体例を示しました。検定法，検定統計量，自由度，有意結果，用いた統計ソフトとそのバージョンなどを書きます。参考にしてください。

「研究対象，その属性，調査日」は，研究方法において既に述べられていると思いますので，記載の必要がないと思います。本章では，理解を進めるために書きました。また，分析から得られた考察が重要です。各自で，先行研究を踏まえて書いてください。先行研究を踏まえれば，より一般化することが可能となります。しかし，踏まえなければ，一般化することはできませんので課題を明らかにします。図は省略しました。

1) χ^2 検定を用いた記載例

χ^2 検定を用いた具体例を示します。参考にしてください。

1 年生 23 名(男●名，女●名)，3 年生 46 名(男●名，女●名)を対象に進路希望を調査した。欠損値はなかった。調査日は，20○○年○月である。

その結果を Table1 に示す。1 年生では，国立 12 名(17.39%)，私立 4 名(5.80%)，公立 7 名(10.14%)であった。3 年では，国立 4 名(5.80%)，私立 28 名(40.58%)，公立 14 名(20.29%)となった。χ^2 検定を用いて分析した結果，有意な差が認められた(χ^2 (2)=18.750, $p<$ .01)。1 年生と 3 年生では，3 つの進路希望の割合の変化に有意差があり，統計的に，私立公立の割合が増加することが明らかになった。なお，統計学的検討は HAD15.0 を用いた。

Table1　学年別進路希望　　（名）

希望校		学年 1 年生	学年 3 年生	合計	統計的検定
	国立	12	4	16	χ^2 (2)=18.750, $p<$ .01
	%	17.39	5.80	23.19	
	私立	4	28	32	
	%	5.80	40.58	46.38	
	公立	7	14	21	
	%	10.14	20.29	30.43	
	合計	23	46	69	
	%	33.33	66.67	100	

2) Fisher 直接確率計算法を用いた記載例(事例 2)

　1 年生 5 名(男●名，女●名)，3 年生 5 名(男●名，女●名)を対象に進路希望を調査した。欠損値はなかった。調査日は，20○○年○月である。

　その結果を Table2 に示す。1 年生では，国公立 4 名(40%)，私立 1 名(10%)であった。3 年では，国公立 0 名(0%)，私立 5 名(50%)，となった。Fisher 直接確率計算法を用いて分析した結果，有意な差が認められた(p< .05)。1 年生と 3 年生では，2 つの進路希望の割合の変化に有意差があり，統計的に私立の割合が増加することが明らかになった。なお，統計学的検討は HAD15.0 を用いた。

Table2　学年別進路希望　（名）

		希望校		合計	統計的検定
		国公立	私立		
学年	1	4	1	5	p=.048 f^*
	%	40.0	10.0	50.0	
	3	0	5	5	
	%	0	50.0	50.0	
合計		4	6	10	
	%	40.0	60.0	100	

*p＜.05

f=Fisher 直接確率計算法を示す

　分析の結果，いろいろな言葉や記号がでてきます。簡単な説明については，一部第 2 部第 1 章に記載しています。ご覧ください。

引用文献

石井秀宗(2010)　統計分析のここが知りたい―保健・看護・心理・教育系研究のまとめ方　文光堂

清水裕士(2016) HAD における Fisher の直接確率計算法(未刊)

清水裕士(2016)　フリーの統計分析ソフト HAD：機能の紹介と統計学習・教育，研究実践における利用方法の提案　メディア・情報・コミュニケーション研究, 1, 59-73.

第3部　質的研究法の具体的方法と実践研究例

　第1部第2章では研究法の意義と研究デザイン等について述べました。本部では，教師や教師を目指す人が論文を書くにあたって，教育に生かされる質的研究法の代表的な研究を示します。また，質的研究は，研究者が分析者となるため，客観性が課題となります。複数の専門家と分析したり，研究協力者に分析結果をみていただくこと等が必要になります。なお，学部新卒学生とは，大学を卒業した教師経験のない大学院生です。

第1章　事例研究法

第1節　事例研究法について

　事例研究法とは，広義には一つの社会単位（個人・家族・集団等）を事例としてとりあげ，その生活過程を詳細に記述し，そこから一般法則を見出す研究方法です。社会学から医学・法学等いろいろな学問で使用されます。したがって，データの記述や分析方法は，多様で，伝記のようなものもあれば，数量データを用いるものもあります。分析方法は様々です。事例研究法は，質的研究法の中でも古い歴史があります。

(1)事例研究法の特徴

　Yin(1994)は「複雑な人間の状況がなぜ，またどのようにして生じたのかを考えることは，事例研究法の古典的な用い方の例である」と述べています。事例研究法によって，複雑な文脈の中で，人々がどのような変化をしていくか時間経過とともに理解出来ます。シューマン(Shulman,L., 2004) は，教師は実践事例に学ぶことが大事であると述べています。実践事例を学ぶことにより，授業や学級で起こっているプロセスを客観的に体験することが出来るのです。そのことを通し，児童生徒に対して新しい見方をしたり，担任としての関わり方に新しい工夫をしたりできるのであると述べています。事例研究法は，研究としての課題もありますが，人（または集団）の変化過程がわかるということが，長い歴史を持っている理由の一つです。

(2)事例研究法のデザインのタイプ

　Willing(2001)は，事例研究法のデザインのタイプわけを行い，事例研究法の意義を明らかにしています。一つは固有ケースと道具的ケースです。固有ケースの研究は，それ自体が興味深いために選ばれるのであり，一般化な問題や現象を表しているのではないとしています。道具的ケースは，一般化な問題や現象を表しています。事例を選ぶときには，教師や教師を目指す人々が，独自性の強い新しい発見をするケース，広く役立つケース等検討する必要があります。

　さらに，Willing(2001)は単一対多元的ケースをあげています。多元的ケースとは，ケースを比較することで，理論を発展させ，修正するとしています。石川(2015)は，校内外の専門家による困難をかかえ

た生徒援助事例をいくつか検証し，コーディネーターの役割をあきらかにしました。教育においてもいくつかの事例を検証することにより，新しい理論ができる可能性があります。

(3)事例研究法における複数のデータ収集・分析・理論の意味

Ragin & Becker(1992)は，事例研究法の目的は正確な記述・描写ないし再構成であると述べています。学級の児童と教師の様子ばかりでなく，担任教師の半構造化面接をし，さらに，授業のルーツについて，年代の異なる教師から半構造化面接等を行う必要があります。

教師や教師を目指す人は，事例を通して，あたかも，読者が当事者の教師本人になったかのように立体的に書く必要があります。そのためには，データ収集が重要となります。「担任教師が困難をかかえる生徒の隣に，親しい友達をつけた」だけでは，読者は理解出来ません。その時の児童生徒の様子，その後の展開等文脈に沿って，児童生徒・学級の変化を示さなければなりません。観察や面接（インタビュー）を通し，リサーチ・クエッションへの答えをデータで示すのです。

できるだけ多くの教師へのインタビューを行い，分析にあたっては，大学教師や学部新卒学生等複数の協力者を得ることによって研究の客観性を高めることが出来ます。それが，トライアンギュレーションです。複数のデータ・分析・理論をもたせることによって，客観性を高めるのです。

(4)結果と考察の記述

Flick(2007)は，一つの事例に集中することによって，統計的でなく理論的な意味での一般化の問題があるとしています。しかし，一連の事例研究をすることで，この問題を緩和することができるだろうと述べています。その際，結果と考察の記述に注意が必要です。どこまでがデータで，どこまでが考察であるか，明確にすることが必要です。

石川(2015)の場合は，いくつかのコーディネート事例を示しました。校内外チーム援助形成事例と促進事例から，コーディネーターの役割を明らかにしました。さらに，コーディネートの中断事例を比較のためにのせ，チーム援助が失敗するリスクも明らかにしました。

論文には事例を丁寧に記述します。事例を丁寧に記述したものが「結果」です。そして，類似の事例・インタビュー・文献，差異事例・文献を比較分析してそこからの新たな機能や発見が「考察」です。事例という結果から，比較分析して考察という抽象度の高いものとします。

その他，考察に必要なものは，「研究の意義」「研究の課題」つまり，限界です。「研究の意義」「研究の課題」を書くことにより，読者に役立つようにします。つまずかないように，さらに次の研究につながるようにするのです。時間はかかりますが，今日の学校の実践事例を考察することにより，教師や教師を目指す人の理解が進み，学級経営や教師教育が発展すると考えます。

引用文献

Flick(2007)*Qualitative Sazialforschung* 小田博志監訳(2013)『質的研究入門』春秋社

石川美智子(2015)『高校相談活動におけるコーディネーターとしての役割』ミネルヴァ書房

Ragin, C. C., and Becker, H. S. (eds) (1992) *What is a Case? Exploring the foundations of social inquiry,* Cambridge, Cambridge University Press

Stake,R.E.(1994)*Case studies,*in N.K.Denzin and Y.S.Lincoln(eds)Handbook of Qualitative Research.London:Sage

Shulman,L.(2004)*The wisdom of practice : Essays on teaching, learning, and learning to teach.* San Francisco: Jossey-Bass, Inc.

Yin,R.K.(1994)*Case Study Research:Design and Methods.*London:Sage

Willig.C.,(2001)*Introducing Qualitative Research in psychology* 上淵寿・大家まゆみ・小松孝至訳(2003) 『心理学のための質的研究法入門―創造的な探求に向けて』培風館

第2節　事例研究法による実践研究

(1)教育相談教師のコーディネーターの実践研究

　石川は，事例研究法を用いてコーディネーターの役割として、①生徒の正確なアセスメントとニーズの把握，②援助者(保護者・担任等)のアセスメント，③校内外専門家の特徴理解，④保護者の校外専門家への引き継ぎ，⑤各専門家を継続してつなぐ助言活動，⑥情報の一元化と各専門家へのタイミングのあった情報提供を明らかにしました。

　冗長を防ぐために，研究の目的・方法と結果のみとしました。

継続的なコーディネーション活動と校内外専門家の効果的な援助

石川美智子

　この事例は，自閉症スペクトラム障害が疑われた不登校生徒を援助した事例である。1年間にわたり校内外の専門家によるチーム援助が組まれた。その結果，当該生徒は，中学時代のいじめられ経験により，高校入学直後より登校を拒否していたが，転学し大学進学の目標を持つようになった。コーディネーターの継続したコーディネーション活動により，校内外専門家の援助が効果的に行われた事例である。そこで，チーム援助の過程に焦点を当てて，コーディネーターの活動を考察していくこととする。

　なお，コーディネート事例研究にあたって，プライバシーに配慮して事例の詳細については，最小限にとどめ論旨に影響のない範囲で一部改変している。また，対象事例は援助実践活動終了後に研究についての同意が得られている。

（1）事例の概要
1．事例対象者

　対象生徒：高校1年生（A男）。乳幼児健診において，医師より，言語の遅れに伴い何らかの診断を受けていたが，詳細不明であった。何らかの診断を受けたことは，A男も理解していた。

　家族構成：父(40代)，母(40代，20代前半から精神科通院歴あり)，A男，妹(中学1年生)

　A男の問題の概要：いじめられ経験・不登校

　A男の状態：幼い頃よりからかわれることが多く，特に中学時代にひどいいじめにあっている。そのため，中学校3年生のとき保健室登校をしていた。高校に入学したが，クラスにいじめをした生徒がおり，登校を拒否した。成績は，国語の文章理解以外は上位であった。身振りや表情・しゃべり方に硬さがあった。

　A男の見立てと方針：成績の特徴や言葉や身振りの特徴から，自閉症スペクトラム障害が疑われた。この障害特有の硬さのためにクラスメートとの関係がうまくいかず，いじめを受けたことによる二次的障害が不登校の原因であると考えられる。コーディネート方針として，A男について情報を得るため母親面接を行う。また，中学校側からも情報を得ることを当面の課題とする。障害への援助やいじめられ経験やかたくなに登校を拒否する様子から，専門家による長期的な援助が必要だと思われた。そこで，告知の判断も含め，特別支援担任の経験をしたことがあるカウンセラーにつなげることを目標とした。また，担任とコーディネーターは，A男と家族に，定期的，長期的に継続した関係を持つことを目標とした。

２．校外専門機関のコーディネートの経過

校外相談室とカウンセラー：某国公立大学の付属施設であった。その大学は小中高等学校教師のリカレント教育に力を入れており，教師から児童生徒と保護者に対してこの施設を紹介することも多い。情緒的な問題や発達障害・学校・家庭教育の問題を専門としていた。コーディネーターは以前より，当該カウンセラーは特別支援担任の経験をしたことがあることを知っていた。コーディネーターが，Ａ男と家族にカウンセラーを紹介した。

医療機関：カウンセラーの依頼で，コーディネーターが地区の児童精神科医のいる医療機関の住所と特徴を一覧に作成した。その際，県発達支援センターのアドバイスを得た。その中から，母親自身が通院していて，肯定的なイメージを持つ医療機関を母親が選んだ。

３．学校と校外専門家の連携

カウンセラーとのやり取りは，コーディネーターが窓口となり，基本的に電話で行われた。医師とコーディネーターとのやり取りは，手紙（１往復）と医師からの電話（２回）で行われた。

４．援助の期間

コーディネーターのＡ男への援助期間：

Ｘ年４月〜Ｘ＋１年３月

コーディネートの期間：

Ｘ年５月〜Ｘ＋１年９月，校外相談室でのカウンセリング開始から終結まで。カウンセリング終結はＡ男が新しい学校に適応できるまであった。

医療機関：

Ｘ年８月〜Ｘ＋１年９月以降も通院。Ａ男はコーディネーターとカウンセラーの勧めで，カウンセリング終結後も通院していた。

５．コーディネーター援助までの経過

Ｘ年４月10日Ａ男は，始業30分前に職員室にひとりで来て，硬い表情としゃべり方で「日直ですが，何をしたらいいですか」と，質問した。担任は不在だったため，偶然居合わせたコーディネーターが対応した。高校入学直後のＸ年４月12日よりＡ男は学校を欠席した。担任が家庭訪問をした。Ａ男は中学時代のいじめられ経験や，いじめた生徒がクラスにいたことを話した。特に，中学３年生のいじめはひどかったことを話した。さらに，「学校というところに通うつもりはない」と，強い決意を話した。心配した担任から，コーディネーターへＡ男の援助の依頼があった。

（２）事例の経過

事例の経過を３期にわけた。第１期は，校内外の情報からアセスメントを行った時期，第２期は，校内外各専門家へのコーディネーション活動を促進した時期，第３期は，校内のコーディネーション活動をし，担任による学習指導が行われた時期である。

148

1．第1期　校内外の情報からアセスメントを行った時期

　A 男の不登校をきっかけに，コーディネーターが援助を開始し，A 男のテスト結果や中学校スクールカウンセラーの情報等から，アセスメントを行った。

第1回　チーム会議　コーディネーター・担任　X 年 4 月 18 日

　担任はコーディネーターへ入学時テストの分析結果を示した。担任はぎこちない態度の A 男が，想像していたより成績がよいことに驚いていた。また，学校を完全に拒否する態度や人との関係が苦手な様子から，このまま引きこもりになることを心配していた。

　コーディネーターと担任は，A 男の状況と問題点と今後の対応を話し合った。コーディネーターは「自閉症スペクトラム障害は，他人の意図や動機を考えること，また，身振りなどの非言語的行動が苦手であることが特徴である。テストの分析結果より，評論・小説を読み取り理解する項目が，他の現代文の知識・数学・英語に比べ極端に低いことや，身振りや表情・しゃべり方に硬さがあることから，自閉症スペクトラム障害の疑いがある」と述べた。さらに，コーディネーターは「この障害があったとしたら，対人関係がうまくいかず，そのためにいじめによる二次的障害が不登校の原因であると考えられる。今後の対応として，A 男について情報を得るため母親面接を行う。また，中学校側からも情報を得ることを当面の課題とする。障害への援助やいじめられ経験・かたくなに登校を拒否する様子から，専門的で長期的な援助が必要だと思われる。さらに，告知の判断も含め，特別支援担任の経験をしたことがあるカウンセラーにつなげる」と提案した。担任は専門的な援助が必要であることを了解した。また，担任とコーディネーターは，A 男と家族に，定期的長期的に継続した関係を持つことを確認した。コーディネーターは「関係継続のため 1 週間に一度，A 男の好きな音楽や，学校の様子など絵葉書を書く」と具体的方法を述べた。さらに，コーディネーターは「自閉症スペクトラム障害ならば，対応の注意点として，自由選択よりも選択肢があった方が，本人は決めやすい」と，担任に報告した。高校の履修と単位修得については，教頭が時期を見て保護者に話すこととした。

　担任の家庭訪問の回数が増すにつれて，A 男は中学時代の出来事などよく話すようになった。担任が母親と A 男にコーディネーターを紹介すると，その場で了解をした。それを受けて，コーディネーターによる A 男の直接援助がはじまった。

第1回　コーディネーター・担任による A 男・両親面接　X 年 4 月 25 日

　A 男は，中学時代のいじめられ経験と保健室登校になったいきさつを話した。特別支援学校に入学しておけばよかったこと，このまま学校に通わずに家にいたい気持ちもあるが，親から社会とかかわりを持つことの大切さをいわれており，自分もわずかに同意する気持ちがあることを述べた。また，両親から，A 男について乳幼児健診の時，言葉の遅れを指摘され，医師から診断が出されたこと，診断名は忘れたが診断書もあることが話された。医師から診断が出されたために，いろいろな療育施設に通ったことや，市から A 男のために補助保育士が派遣され保育園に通園したことも話された。

　コーディネーターは，長所を生かす工夫で生活しやすくなる可能性があることを伝えた。そのために，医師の診断書を見たいと依頼し，校外のカウンセラーを紹介することを提案した。しかし，A 男は「将来大学に進学する希望はなくこのまま家にいる」と発言した。コーディネーターは「カウンセラーは A 男くんの立場に立って一緒に考えてくれる人。A 男くんが困っていることやおかしいなと思ったことを一緒に考えてくれる人」と説明した。A 男はとまどっていた様子であったが，両親はカウンセラーに会うことを A 男に勧めた。A 男は，カウンセラーのところに行くことを了解した。その上で，コーディネ

ーターは，カウンセラーと学校が連携することの了解をとった。中学校のスクールカウンセラーとの連携の了解もとった。担任は両親に，今の A 男は登校していた時よりも緊張せずに落ち着いていることを伝えた。

コーディネーターと中学校スクールカウンセラーの連携

　X 年 5 月コーディネーターは，校長の仲介のもと，A 男の中学校生活を聞くために，中学校のスクールカウンセラーと情報交換した。スクールカウンセラーは「中学校 1 年の時に，発達障害だと思われると養護教諭に伝えたが，他の教師集団には伝わらなかったようだ。また，卒業時には，いじめた生徒と同じクラスにならないように，クラス編成上の注意を高校に伝えて欲しいと中学校長に伝えた」と，述べた。

第2回　コーディネーターによる母親面接　X年5月

　コーディネーターによる 2 回目の母親の面接では，診断書の代わりに母子手帳を持ってきた。母子手帳には言葉の遅れが記載されていた。コーディネーターからの紹介状と入学時テスト結果をカウンセラーへ渡すよう母親に依頼した。コーディネーターは，母親の話す内容が定まらないことから，精神病理を疑った。

2．第2期　校内外各専門家へのコーディネーション活動を促進した時期

　A 男の援助がカウンセラーから医師へと広がり，コーディネーターとカウンセラー・医師の連携が行われた。

第1回　コーディネーターとカウンセラー連携　X年5月21日

　カウンセラーによる，A 男の面接が開始された。カウンセラーよりコーディネーターへ電話で，A 男は硬いしゃべり方・自発性のなさ・感情のない知的な言葉づかいなどから自閉症スペクトラム障害の可能性があり，経過を見て受診の勧めを行うと連絡が入った。また，コーディネーターからは，母親の精神病理の可能性があるため，必要に応じてカウンセラーによる援助を依頼したいと伝えた。

第2回　チーム会議　コーディネーター・担任　X年5月

　コーディネーターは担任と会議を持ち，「カウンセラーの見立てが得られた。カウンセラーとかかわりができたことから，担任の家庭訪問は中断するが，コーディネーターによる絵葉書の援助は継続して行う」ということを確認した。

　校内では，コーディネーターが担任・学年主任・管理職に対して，A 男に発達障害の可能性があることを伝え，発達障害についての新聞の切り抜きや文部科学省の支援のためのガイドラインを配布し，理解を求めた。母親から近況報告とお礼の手紙が来た。

第2回　コーディネーターとカウンセラー連携　X年7月

　カウンセラーよりコーディネーターへ電話で，A 男が父親に対する気持ちを整理していることが報告された。A 男は「あの親父は・・・ぼく達を馬鹿にする。自分の妻も馬鹿にしているんですよ」「あのくそ親父とは話したくありません。(涙ぐむ)」と言い，カウンセラーは「そう，お父さんの話題出してごめんね。でもね，まったくお父さんとの話をしないというわけにもいかないよね。・・・それから学校でも同じことがあったんじゃないかな。・・分かってもらえないとか？」と言った。A 男は「はい，あったようななかったような」と話したとのことであった。また，カウンセラーが医師への相談を勧めたところ，A 男はあっさり受け入れたと報告された。さらに，カウンセラーは，A 男が通院できて自閉症スペクトラ

ム障害を診断できる医師がいる病院の一覧表作成を，コーディネーターに依頼した。また，カウンセラーは，家族に何らかのトラブルがあると母親もA男とともに来室し，そういう時は母親の話を聞くことがあると報告した

コーディネーターは医療機関の一覧を作成して，カウンセラーに郵送し，加えて発達障害専門のJOBコーチのいる施設パンフレットも同封した。

第1回 コーディネーターと医師連携 X年9月

医師から担任とコーディネーターへ，A男が受診したことの報告と協力の依頼が郵送されてきた。内容は，A男はアスペルガー症候群に当てはまることと，言語コミュニケーションの困難が周囲からの誤解を生み，中学時代のクラスでの低い評価につながったこと，及びA男に対して障害告知したことなどであった。病院では月に1回の「社会性を身につけることを目的とした面接」を行うこととなった。また，本人や家族から連携の了解を得ていることも書かれていた。

第3回 コーディネーターとカウンセラー連携 X年9月

カウンセラーからコーディネーターに，「医師から告知の翌日，母親とA男の同席面接をカウンセラーが行った」と連絡があった。A男は「納得しましたから大丈夫です」と言い，カウンセラーは「友達とのつきあいにくさはA男が悪かったんじゃないってことだよね」と伝えたとのことであった。また，カウンセラーはA男と母親の心理面接による援助を行うこと，病院においては月1回通院し，社会性を身につけることを目的とした面接を行うことになったと，役割分担が確認された。コーディネーターは，A男へ絵葉書を書くことで，関係を維持することを報告した。

3つの専門機関の役割分担を，カウンセラーとコーディネーターは，確認することができた。コーディネーターがA男の登校の可否についてカウンセラーに尋ねると，まだ，その状態ではないことが説明された。

第3回 チーム会議 コーディネーター・担任 X年9月

コーディネーターと担任はチーム会議を持ち，「A男への医師とカウンセラーの援助と，A男が援助のもと障害を受け入れようとしていること，登校の意志がまだないこと」を確認した。

第2回 コーディネーターと医師連携 X年10月

コーディネーターは医師へ手紙で，役割分担の確認と，母親に，障害者手帳や障害者職業訓練センターなど，福祉制度について情報提供することを依頼した。また，本校の在籍も可能であること，特別支援学校も含めた転学の手続きをする場合は，1月ぐらいから開始する必要があることをあわせて伝えた。A男は当面学校生活を考えていないが，父親は努力すれば困難を克服できると思っている様子である。A男側に新しい進路を考える条件が整ってないところで，学校側が進路の情報を提供すると，父親とA男の考えの違いからA男の動揺を招くことが考えられることを伝えた。さらに，母親がA男と父親の間に入って混乱することが予測できたため，情報提供のタイミングを教えて欲しいと，医師に依頼した。医師より電話で，福祉制度の説明は様子を見て今後実施することや，A男が社会性を身につけることを目的とした面接を積極的に行っていることが報告された。

3．第3期 校内のコーディネーション活動をし，担任による学習指導が行われた時期

コーディネーターは，A男が転学を決意したことを受けて，担任と連携してA男と両親への働きかけを行った。そして，担任によるA男の進路指導・学習指導が行われた。

第3回　コーディネーターと医師連携　X年10月

　医師よりコーディネーターへ電話で「A 男に転学の意欲が出てきた。また，A 男が希望している特別支援学校では A 男の学力が高すぎる」と報告された。

第4回　チーム会議　コーディネーター・担任　X年10月

　コーディネーターは担任へ「A 男に学校へ行くことの意志が出てきた」と伝えた。そして，コーディネーターが持っていた複数の高校の資料を渡し，「昼間定時制高校は自閉症スペクトラム障害の生徒が通常の学校より多いと相談係より聞いている」と伝えた。担任は「近日中に家庭訪問する」と報告した。

　担任は家庭訪問を実施した。A 男が「いじめた生徒がいるため，今の高校には復学したくない。自分と同じような障害がある人と一緒に勉強したい」と言ったため，担任は昼間定時制高校の説明をし，さらに，担任は，自分にあう学校を探すために，学校見学が大切なことを A 男に話した。その後，A 男からコーディネーターに絵葉書のお礼と返事が遅くなったことのお詫び等の手紙が来た。

第4回　コーディネーターとカウンセラー連携　X年10月

　カウンセラーからコーディネーターに依頼の電話が入った。「A 男は自分の障害を受け入れて，どのように生きようかと考えている。A 男が障害受容できたことは，本人の理解の力が大きい。母親は受験の手続きが分からず，父親は昼間定時制高校に受かるかどうか分からないので，今の学校で頑張るようにという意見である。そのため，A 男の意志を尊重して，高校で情報を提供して欲しい」との内容であった。

第5回　チーム会議　コーディネーター・担任　X年10月

　それを受けて，コーディネーターは担任と話し合い「A 男と両親の面接を実施し，希望があれば受験指導することを伝える」ということを確認した。

第3回　コーディネーター・担任による A 男・両親面接　X＋1年2月

　3回目の両親・A 男と担任，コーディネーターによる面接では，父親は「もっと早く対応すればよかった」と，専門機関通所に肯定的な発言をした。コーディネーターと担任が「A 男の希望校受験のための論文指導や面接指導を行ってもよい」と言った。A 男は了解し，父親は退学届を希望しその場で印を押した。

　その後，担任は入試の前日まで，継続的に論文指導や面接指導のための家庭訪問を行った。担任は「論文には過去のことが多く書いてあるが，将来の希望も書くように指導している。次には確実に文章が直され，良くなっている。会っていて楽しい」と述べた。A 男は希望の高校に合格し，後日 A 男と両親がお礼のために来校した。A 男は「カウンセラーはとてもよかった」と振りかえって述べた。そこで，コーディネーターは，新しい高校もカウンセラーと同じように A 男の立場になって考えてくれる相談係の先生がいることを伝えた。

第5回　コーディネーターとカウンセラー連携　X＋1年9月

　カウンセラーからコーディネーターへ，A 男が新しい高校にも慣れたということで面接終了の報告の電話があった。

　＜X＋2年3月＞フォローアップ

　A 男は将来数学の研究をしたいこと，家族のけんかが少なくなったこと，クラスに友達だと思っている子がいることを述べた。そして，大学に進学した。

第3部　質的研究法

第2章　KJ法

第1節　ＫＪ法について

　ＫＪ法とは，主にデータ解釈の方法です。文化人類学者の川喜田二郎が1967年に発表した，発想を作り出す方法です。川喜田は，データそれ自体に語らしめつつ，いかにして啓発的にまとめたらよいかという課題から始まっていると述べています。偶然にも同じ年に，質的研究法のグラウンデッド・セオリー法(Barney G. Glaser, Anselm L. Strauss)が，発表されました。

(1)ＫＪ法の分析手順
　ここでは，全体の分析手順を表2-1に示しました。

表2-1　ＫＪ法の分析手順

最初に大カテゴリーを作成しないことが大切です。この手順に沿ってください。
① 必要な文章を選び切断する
② 一次コード化（ラベルをつけるともいう）：切断した文章単位に，意味の解釈や要約した名前をつける
③ 小カテゴリー化：ラベルに沿って統合し小カテゴリー化する。
④ 二次コード化：小カテゴリーをコード化し（見出しをつけ），統合し中カテゴリー化
⑤ 三次コード化：中カテゴリーをコード化し（見出しをつけ），統合し大カテゴリー化する。最終的にはコードが5～10ぐらいになるまで統合する。
⑥ 結果図として表す
⑦ コード名を用いてストーリーラインとして文章化する
⑧ 考察する

---

(2)フィールドノートの文章の切断とコード化
　川喜多(1967)のＫＪ法を，筆者なりに使いやすくした方法を述べます。
　フィールドノートの文章を切断し付箋に記入します。表2-2は，学級リーダーの質問紙回答文章を切断し，付箋に書きコード化した例です。もし，文章が長い場合は，2～3に切断して，付箋に書きます。できるだけ日本語としても表記においても正確なものにします。その理由は，研究の重要な基礎データとなるためです。その下に色を変えて，見出し文を書きます。川喜多(1967)は，見出しとしましたが，質的研究法では，一般にコード化といいます。したがって，ここでは，コード化するといいます。コード化とは，意味解釈や要因の名前をつけることです。
　一次コード化は，ラベルをつけるともいいます。ラベル名は，研究協力者の意図や雰囲気が伝わる場合は，データの文章をそのまま使ってもよいです。長ければ，文章を切断するか，適切なラベル名をつけます。

153

表 2-2 ①必要な文章を選び切断する

　私は，学級リーダーになるつもりはありませんでした。最初は大きな声が出ませんでした。しかし，体育祭が近づきクラスをまとめる必要が出てきました。1 仲間の意見をまとめるのに苦労しました。早く帰りたいとか，こうしたらよいとか，2 多くの意見が出てまとめるのに大変でした。3 全員の意見を聞く方がいいと思いましたが，実際には時間がありませんでした。

②一次コード化（ラベルをつけるともいう）

| 1 仲間の意見をまとめるのに苦労しました
<仲間の意見をまとめるのが大変>。 | 2 多くの意見がでてま・・<多くの意見をとめるのが大変>。 | 3 全員の意見を聞く方がいいと思いましたが，実際には時間がありません
<全員の意見を聞こうとすると時間がかかる> |

すべての文章に行う。

(3) カテゴリー化とコード化の繰り返し

表 2-1 のＫＪ法分析手順③〜⑤を説明します。

　一次コードを付けたら，コード名（ラベル）にしたがって，統合し小グループを作ります。表 2-2 の下は，統合して小カテゴリー化したものに，二次コードを付けたものです。川喜多(1967)は，グループ化と呼びましたが，他の質的研究法とそろえるために，カテゴリー化と呼びます。小カテゴリーを，さらにコード化して二次コード化します(表 2-3)。さらに統合し，中カテゴリーを作ります。それを繰り返して大グループとします。最終的には 5〜10 ぐらいのコード名になるようにすると，研究論文にしたときに読者に伝わりやすくなります。コード化を進めていくと，小カテゴリー，中カテゴリー，大カテゴリーと抽象度があがって，統合が可能になっていきます。概念を作り統合を進めるために，概念化ともいいます。

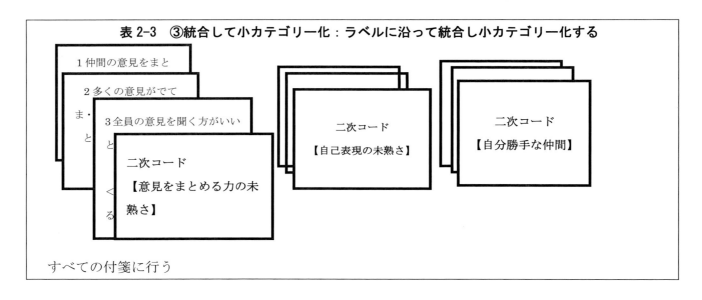

表 2-3 ③統合して小カテゴリー化：ラベルに沿って統合し小カテゴリー化する

すべての付箋に行う

同類のものや異質なものを組み合わせてコード名をつけ統合を進めますが，最初はうまくいかないでしょう。実際には，付箋は百枚以上になり，組み合わせは，いくつでもあります。何回も統合してみることになります。川喜多(1967)がＫＪ法を発想法としたのは，このような作業を何回もやっていくうちに，全ての付箋が統合され，アイデアが生まれていくためです。

　この作業は，データ収集中にも行えますし，お勧めします。なぜならば，「データを洗練するための解釈」につながるからです。つまり，参加観察や面接法のデータ収集が，より的確にできるようになるのです。

　付箋ではなく，コンピューター上で表 2-4 のような統合表を作りながら，分析をすることも可能です。コンピューター上なら，基本となるデータを保存することが出来ます。切り貼りが自由にできるため，統合の作業の繰り返しが容易です。また，指導者や仲間の協力を得て分析を進めると，いろいろなアイデアが出て，質的研究法としての客観性が高まることになります。その場合は，もう一度データとラベルを付箋に写し変えて可視化すると，仲間との作業がやりやすいです。

(4)ＫＪ法によるコード化とデータ解釈の特徴

　コード化には，大きく分けて二つの方法があります。一つは，要因に基づいてコード化する方法です。二つ目は，ひとまとまりの構造をもった意味内容のエッセンスを，新聞の見出しのように書くという，動きのあるコード化です。川喜多(1967)，塩満 (2013)も，動きのあるコード化をすることがよいと述べています。

　では，要因によるコード化をしたものと，動きのあるコード化の過程を比較します。表 2-4 は，要因コードと動きのあるコードの分析を比較したものです。上段は要因によるコード化です。下段は，動きのあるコード化をしたものです。上段は，要因だけであるので，わかりやすいですが，読者に伝わってきません。下段は，仲間を付けるだけで，リーダーとしての心情が読者に伝わってきます。どちらを用いるかは研究者のリサーチ・クエッションに関わると思います。

表 2-4　要因コード（上表）と動きのあるコード（下表）の分析比較

一次コード	二次コード	三次コード
＜励ます声かけ＞	【声かけ】	≪声かけと言い過ぎない≫
＜支えるような声かけ＞		
＜やる気を上げる声かけ＞		
＜注意をいい過ぎない＞	【言い過ぎない】	
＜目をつぶる＞		

一次コード	二次コード	三次コード
＜注意だけでなく仲間を励ます声かけ＞	【仲間のやる気を上げる声かけ】	≪仲間をささえる働きかけ≫
＜仲間の精神面を支えるような声かけ＞		
＜仲間のやる気を上げる声かけ＞		
＜仲間への注意をあまり強く言わない＞	【仲間のやる気低下防止の気配り】	
＜優先順位を決めて，時には仲間に全てを言わない＞		

筆者は，川喜多(1967)や塩満(2013)のように動きのあるコードを採用しました。動きのあるコードを採用することにより，時間経過に伴う全体の変化が明らかになります。そこが，質的研究法のＫＪ法の特徴です。

(5)ＫＪ法による客観性の担保

　ＫＪ法を理解するためには，データを見ながら，自分で実際にコード化カテゴリー化の作業をやってみるしかありません。挑戦してアイデアを出すのです。決して投げ出さないことです。このときに，大学教師や勉強仲間のアイデアが必要です。つまり，「研究者のトライアンギュレーション」です。「研究者のトライアンギュレーション」とは，教育学・心理学の一定の専門性がある人にデータや分析結果を見てもらうことです。質的研究法において，客観性を高めるために，効果的で重要な方法です。

写真2-1　ＫＪ法によるカテゴリー化

　写真2-1はみんなでアイデアを出し合っているところです。「どんな意見でもよいから付箋を組み合わせて，まとまりの意味を教えてほしい」と添えます。アイデアが出たら，またコード名を付箋に書きます。すると，いろいろな意見のコード名がでてきますが，同じ意見は重ねて一つにします。その意見に沿って，データが書かれた付箋を集め，もう一度眺めてコード名を問い直します。そして，さらに抽象度をあげて，データを統合していきます。カテゴリーに入らないものもあるでしょうが，無理に一緒にしないことが大切です。データにしたがって，みんなでコード名のアイデアを出して，小カテゴリー，中カテゴリー，大カテゴリーと抽象度をあげカテゴリー化します。

(6)ＫＪ法における結果図と，ストーリーラインと考察

　表2-1のＫＪ法分析手順⑥〜⑧を説明します。

1)結果図

結果図とは，データから生み出されたカテゴリーを図で説明したものです。概念図ともいいます。大カテゴリーの中に中カテゴリーを入れ，さらに小カテゴリーを入れて，配置します。データとコード名とカテゴリーに合った結果図が出来ます。そして各カテゴリーは，それぞれの原因や結果と関連があるものを→で結びます。

2)ストーリーラインの書き方

ストーリーラインとは，結果図を文章で説明したものです。

結果図が出来たら，文章化に移ります。結果図を文章化する手順は定められていません。それは，結果図を説明していくうちにわかりやすい方法がいろいろ浮かんでくるためです。川喜多(1967)は熟慮した図解上の位置から始めるとよいと述べていますが，さらに，「図解上隣接的な近さにある情報の処理へと文章化を進めた方」がよいとも述べています。

塩満(2013)は，大カテゴリーのつながりを説明してから，それぞれの大カテゴリーの中にある中カテゴリー，小カテゴリーを説明するとしています。原則はありますが，新しいアイデアもでるので，わかりやすい方がよいということです。

結果図をストーリーラインとして説明していくと，文章にして説明するには，図が不十分なところが出てくるかもしれません。その場合は，結果図では表しきれなかったものを文章で補うことになります。文章化することで，結果図の弱点を発見し補うことができるのです。

3)考察

自分の研究結果から導き出された考察を書きます。文献研究を行い，優れた先行研究から「理論のトライアンギュレーション」を行うのです。教育以外の領域の文献も見ます。様々な理論を並行して，自分の研究の裏付けや独自性を述べるのです。なぜ，自分の研究がそのようになったのか，先行研究とどのように違い，自分の研究でどの点が明らかになったのか述べるのです。さらに，この研究からの意義，そして残された課題を述べます。課題を述べて次の研究者へつなぐのです。

引用文献

川喜多二郎(1967)『発想法　創造性開発のために』中公新書

塩満卓(2013)「カードワーク」田中千枝子編『社会福祉・介護福祉の質的研究法実践者のための現場研究集』中央法規

藤本桃子(2016) 学級に馴染めない生徒に対する中学校担任教師の働きかけ―学級に居場所を作るプロセス―『平成26年度京都教育大学大学院連合教職実践研究科修了論文』未刊

石川美智子(2015)『高校相談活動におけるコーディネーターとしての教師の役割―その可能性と課題』ミネルヴァ書房

第2節　ＫＪ法による実践研究

(1)学部新卒学生の実践研究

　ＫＪ法を用いた2つの実践研究を示します。学部新卒学生の藤本(2016)さんは，中学校担任教師の学級に馴染めない生徒に対する働きかけの実践研究を行いました。ひとまとまりの構造をもった意味内容のエッセンスを，新聞の見出しのように書くという，動きのあるコード化を行ったものです。もう一つは，石川(2015)の高校教育相談担当教師へ質問紙調査を実施し，高校教育相談担当教師の特徴を検討したものです。要因に基づいてコード化した方法です。冗長を防ぐために，研究の目的・方法と結果のみとしました。

1)動きのあるコード化を用いた実践研究

学級に馴染めない生徒に対する中学校担任教師の働きかけ
―学級に居場所を作るプロセス―

藤本桃子

第 2 章　研究の目的と方法

第 1 節　研究の目的

　学級に馴染めない生徒に対する担任教師の働きかけについて考える中で、現職の先生方から教師としての姿勢や思いを伺うことは非常に重要な過程である。大学院で学んだ生徒指導に関する専門的な知識に加えて、実際に学校現場や生徒をよく知る先生方の経験則による知識や実践を理解することは、筆者にとってよりよい学びになると考えた。よって、本研究では教職専門実習でお世話になった中学校の先生方を対象に行った質問紙調査の結果を分析し、担任教師の支援の在り方について考察する。

第 2 節　研究方法

(1)研究方法の選択

　本研究は，生徒が学級を"心の居場所"と感じるために効果的な中学校担任教師の働きかけはなにかという問いを明らかにすることを目的とする。研究方法としては KJ 法を用いた。KJ 法とは一行見出しによる質的分析法の 1 つである。分析方法の特徴としては研究協力者の時間経過に伴う変化を明らかに出来るとされている(塩満,2013)。

(2)研究時期

2015 年 6 月に行った。

(3)研究協力者及び対象校の様子

　質問紙調査の調査対象は教職専門実習先の中学校の先生方 20 人である。調査対象の学校の生徒は全体的に落ち着いているが、活発な生徒もいれば自己肯定感の低い生徒や他者への思いやりに欠ける言葉・否定的な言葉を放つような生徒も一部いる。教師集団は、日頃から生徒を信じて見守る姿勢を大切にしていて、基本的に生徒の自主性や思いを尊重する母性的な面を持っている。しかし、生徒の些細な表情や言動の変化に気付き、課題を見つけた時に迅速に毅然とした対応を取る父性的な面も兼ね備えている。また、生徒と教師の距離感も適切で、教師に対する生徒の信頼の厚さも感じることが出来る。

(4)質問紙調査の設問内容

　質問紙は「どのような様子から学級に馴染めない生徒がいることに気付くのか」「学級に馴染めない生徒に対しての働きかけや本人の活躍の場の設定等はどのようにされているのか」「保護者との連携はどのようにしているか」の 3 つの設問から成る。

(5)倫理的配慮および客観性の担保

研究協力者に対し、書面および口頭により、研究の趣旨と目的を伝えるとともに、調査協力に対して拒否・中止する権利があることを説明し、研究協力者全員から同意を得た上で実施した。また、無理に質問紙の内容すべてに回答する必要がない旨を伝え、研究のデータ化、結果の論文化に伴うプライバシーの配慮の方法についても説明し、同意を得た。調査結果の分析段階では、指導教員によるスーパーバイズを受け、さらに、教育を学ぶ大学院生5人にもメンバーチェッキングの協力を要請し、妥当性・客観性の担保に努めた。また，分析後，研究協力者に読んでいただき修正を受けた。

第3章　質問紙調査の結果の分析

※エピソード：教師の記述の内容

表 1：学級に馴染めない生徒の特徴・担任教師の気付き

大カテゴリー	中カテゴリー	小カテゴリー	エピソード
○一人でいる事への心配	○社会的スキルがない困難な生徒	○常に一人 ○班での話し合いに参加出来ない	○いつも無理をしているように見える ○その生徒の言動で空気が変わる
	○社会的スキルはあるが学級内に友人がいない生徒	○何でも一人でやってしまう ○いつも他クラスに行って教室にいない	○勉強・掃除・学活中等何でも一人でやってしまう ○学級内に固定した友人やグループがいない ○教師に学級に対しての不満や愚痴を頻繁に言う
○他者からのデータ	○家庭からの情報	○保護者からの情報	○電話や家庭訪問などで生徒の思いや様子を聞く
	○ピア（同輩）からの情報	○リーダーからの聞き取り	○リーダー会などで、リーダーに学級の様子を聞く
○担任教師が読み取るデータ	○日常のデータ	○登校状況 ○保健室への頻回来室	○出席状況や保健室への来室の回数から読み取る
	○担任教師が読み取るメッセージ	○表情 ○日誌の記述	○日々の関わりの中で生徒の表情や言動・行動から変化を読み取る ○日誌の記述から生徒の不安な感情を読み取る

表 2：学級に馴染めない生徒に対する担任教師の働きかけ

○担任教師の個に対する働きかけ	○雑談・観察からの関係づくり	○生徒の良いところ探しをする ○日々の声掛けを続ける ○生徒の趣味や興味のあるものを探る ○放課後を使って生徒と関わる	○日々の観察の中で生徒の良いところを見つけて、関わりの中で生徒をほめる ○生徒の様子を見続け、生徒の欲しているものが何かを情報として確保していく ○生徒との話題探しをする
	○教科内外活動において自己肯定感を高める	○生徒の自己肯定感を高める取り組みを行う	○生徒の良さが伝わる取り組みを行う ○生徒を積極的にほめる
○個と個、個と集団へのリンク	○ピア（同輩）への架け橋	○生徒に話をさせる環境づくりを心がける ○リーダー会で生徒に意識させる ○班替え等での配慮 ○生徒と教師が相互フォロー ○教師と当該生徒の会話に他	○放課後、数人の生徒を残して掲示等を手伝ってもらう時にリーダーや当該生徒を残し、作業の中で仲間づくりを行っていく ○生徒の協力を得て、学級の雰囲気づくりを行う ○教師と当該生徒の関わりの中に複数の

		の生徒を混ぜる	別の生徒を混ぜて仲間づくりを支援する
	○学級全体の人間力アップ	○学級全体でのレクリエーションを行う ○学級全体への指導を行う ○意図的な仲間づくり活動を行う ○全員が取り組む目標や行事を設定する ○学級への所属感を持たせる	○学級の生徒が当該生徒の良さに気付くよう、その生徒に興味を持てる取り組みを行う ○全員がすべきことを作ることで、学級内にも生徒間にも所属感が生まれ、自信につながる
	○生徒に課題を気付かせる	○生徒に問題意識を持たせる ○リーダー会で「理想の学級」について議論	○リーダー会で議論を行うなどして、生徒が問題意識を持って解決出来るように支援する
	○生徒に人間関係を築かせる	○生徒間で仲間の良いところ探しをさせる	○日誌などを通して生徒自身に仲間の良いところを書かせ、仲間のすばらしさを気付かせる
○担任教師としての振り返り	○子どもを視る・見続ける姿勢	○生徒と適切な距離感を保とう ○日々の観察を大切にしよう ○生徒に任せてみよう ○生徒が欲しているものが何か探ろう ○生徒のペースに合わせて寄り添おう ○気を遣っている雰囲気は控えよう	○自分から出来ることは少しずつやっていくようにしつこくない程度に声掛けをする ○まず生徒の思いを聞き、生徒のペースに合わせて支援をする ○あくまで生徒の気持ちに寄り添って焦らず対応する ○公然と気を遣っている雰囲気は本人の負担になるので、生徒の様子をよくみる
	○学級経営を省みて、良し悪しを考え続ける	○生徒が求める教室での位置づけを整理する	○当該生徒が学級でどういった位置づけをされたいかを整理して、それに近づく演出を行う ○係活動など集団としての統一されるべき位置づけと生徒のキャラクターの中で個々の生徒の求めている立ち位置を整理する
○教師以外の専門家との高度な判断	○教師以外の専門家に相談する ○特別な教育的ニーズを要するか判断する ○静観するか支援するかを見極める		○場合によれば、校外連携を行う ○特別な教育的ニーズがあるか他の教師とともに判断する ○本人の気持ちを聞き、静観しておいてよいと判断する場合もある

表3：保護者との連携・連携に至るまでの担任教師の不安

○保護者との予防的な話し合い	○傾聴の姿勢	○家庭での様子や親としての思いを聴く ○保護者の意向を聞きながら対応策を考える ○欠席時の連絡をきっかけに話をする	○保護者が抱えている不安を共有する ○保護者の思いを聞き、今後の対応策を考える ○連絡を取る中で、生徒の家庭での様子を聞く
	○担任教師としての思いを伝える	○生徒の様子を定期的に伝える ○教師の意思や今後のビジョンを伝える ○電話や家庭訪問を通して関わりを続ける	○生徒の良い面をしっかりと伝える ○教師側の今後の見通しや意思を明確に伝える ○保護者との交流で生徒の様子を聞ける関係を作る
○保護者への対応とその不安	○保護者へのアセスメントとその対応	○頻繁に連絡を取るべきなのか ○様子見するべきではないか	○学級に馴染めない程度で頻繁に連絡を取るべきではない ○連絡することで、逆に不安を与える場合もある

┌─────────────────────────────┐
│ 学級に馴染めない生徒の特徴・担任教師の気付き │
└─────────────────────────────┘

※それぞれの矢印は影響関係の方向を示し、□はカテゴリーを示す。

《一人でいる事への心配》
【社会的スキルがない困難な生徒】
〈常に一人〉〈班での話し合いに参加できない〉
【社会的スキルはあるが学級内に友人がいない生徒】
〈何でも一人でやってしまう〉〈いつも他クラスに行って教室にいない〉

《担任教師が読み取るデータ》
【日常のデータ】
〈登校状況〉〈保健室への頻回来室〉
【担任教師が読み取るメッセージ】
〈表情〉〈日誌の記述〉

《他者からのデータ》
【家庭からの情報】
〈保護者からの情報〉
【ピアからの情報】
〈リーダーからの聞き取り〉

┌─────────────────────────────┐
│ 学級に馴染めない生徒に対する担任教師の働きかけ │
└─────────────────────────────┘

《担任教師の個に対する働きかけ》
【雑談・観察からの関係づくり】
〈生徒の良いところ探しをする〉〈日々の声掛けを続ける〉〈生徒の趣味や興味のあるものを探る〉〈放課後を使って生徒と関わる〉
【教科内外活動において自己肯定感を高める】
〈生徒の自己肯定感を高める取り組みを行う〉

《教師以外の専門家との高度な判断》
【教師以外の専門家に相談する】
【特別な教育的ニーズを要するか判断する】【静観するか支援するかを見極める】

《担任教師としての振り返り》
【子どもを視る・見続ける姿勢】
〈生徒と適切な距離感を保とう〉〈日々の観察を大切にしよう〉〈生徒に任せてみよう〉〈生徒が欲しているものが何か探ろう〉〈生徒のペースに合わせて寄り添おう〉〈気を遣っている雰囲気は控えよう〉
【学級経営を省みて、良し悪しを考え続ける】
〈生徒が求める教室での位置づけを整理する〉

《個と個、個と集団へのリンク》
【ピアへの架け橋】
〈生徒に話をさせる環境づくりを心がける〉〈リーダー会で生徒に意識させる〉〈班替え等での配慮〉〈生徒と教師が相互フォロー〉〈教師と当該生徒の会話に他の生徒を混ぜる〉
【学級全体への人間力アップ】
〈学級全体でのレクリエーションを行う〉〈学級全体への指導を行う〉〈意図的な仲間づくり活動を行う〉〈全員が取り組む目標や行事を設定する〉〈学級への所属感を持たせる〉
【生徒に課題を気付かせる】
〈生徒に問題意識を持たせる〉〈リーダー会で「理想の学級」について議論〉
【生徒に人間関係を築かせる】
〈生徒間で仲間のいいところ探しをさせる〉

┌─────────────────────────────┐
│ 保護者との連携・連携に至るまでの担任教師の不安 │
└─────────────────────────────┘

《保護者への対応とその不安》
【保護者へのアセスメントとその対応】〈頻繁に連絡を取るべきなのか〉〈様子見するべきではないか〉

《保護者との予防的な話し合い》
【傾聴の姿勢】
〈家庭での様子や親としての思いを聴く〉〈保護者の意向を聞きながら対応策を考える〉〈欠席時の連絡をきっかけに話をする〉

図1 結果図

第1節　結果図とカテゴリーの説明

　質問紙調査の結果をまとめたものが図1である。結果図は3問の質問に沿って作った表から成り立つ。大カテゴリーを《　》、中カテゴリーを【　】、小カテゴリーを〈　〉で表す。角のない四角で囲んだものは「教師個人の思い」を構成するものである。上下矢印付の四角で囲んだものは、担任教師の学級に馴染めない生徒に対する働きかけの過程に影響を与える要因である。また、それぞれの矢印は影響関係の方向を示し、結果図にある2つの上下矢印は相関関係にあることを示す。

(1)学級に馴染めない生徒の特徴・担任教師の気付き

　学級に馴染めない生徒には2つのタイプがある。1つは【社会的スキルがない困難な生徒】であり、具体的には〈常に一人〉〈班での話し合いに参加出来ない〉といった特徴がある。そして、もう1つは【社会的スキルはあるが学級内に友人がいない生徒】である。〈何でも一人でやってしまう〉〈いつも他クラスに行って教室にいない〉などの特徴が挙げられ、学級内ではなく学級外に居場所をつくろうとする生徒を指す。このような生徒に気がついた時、担任教師は当該生徒に対して《一人でいる事への心配》を抱き〈登校状況〉や〈保健室への頻回来室〉などの《担任教師が読み取るデータ》や〈保護者からの情報〉〈リーダーからの聞き取り〉によって得られる《他者からのデータ》を参考に支援の要否を考える。

(2)学級に馴染めない生徒に対する担任教師の働きかけ

　学級に馴染めない生徒の存在に気付いた後は《教師以外の専門家との高度な判断》も加え【特別な教育的ニーズを要するか客観的に判断】し、【静観するか支援するかを見極める】。そして〈生徒と適切な距離感を保とう〉〈生徒のペースに合わせて寄り添おう〉〈気を遣っている雰囲気は控えよう〉など【子どもを視る・見続ける姿勢】について配慮しながら慎重に《担任教師の個に対する働きかけ》《個と個、個と集団へのリンク》を行う。《担任教師の個に対する働きかけ》とは【雑談・観察からの関係づくり】を大切にしながら〈日々の声掛けを続ける〉〈放課後を使って生徒と関わる〉〈生徒の良いところ探しをする〉〈生徒の趣味や興味のあるものを探る〉などを指す。また、同時に【教科内外活動において自己肯定感を高める取り組みを行う】。《個と個、個と集団へのリンク》とは【ピア(同輩)への架け橋】【学級全体への人間力アップ】【生徒に課題を気付かせる】【生徒に人間関係を築かせる】の4種の働きかけを指す。【ピア(同輩)への架け橋】とは〈教師と当該生徒の会話に他の生徒を混ぜる〉〈生徒に話をさせる環境づくりを心がける〉など担任教師がピア(同輩)に働きかけ、当該生徒に対して支援を行うことである。また〈リーダー会で生徒に意識させる〉ことで、〈生徒と教師が相互フォロー〉しながら、仲間づくり活動をさせることも含まれる。【学級全体への人間力アップ】とは、〈学級全体でのレクリエーションを行う〉など〈全員が取り組む目標や行事を設定する〉ことである。【生徒に課題を気付かせる】とは、〈リーダー会で「理想の学級」について議論〉させて教師が介入しながら〈生徒に問題意識を持たせる〉ことである。【生徒に人間関係を築かせる】とは、〈生徒間で仲間の良いところ探しをさせる〉など、お互いの大切さに気付くような働きかけを行うことである。こうした《個と個、個と集団へのリンク》は、教師が生徒に意図的な仲間づくり活動をさせることを意味している。これは、仲間づくりが困難な生徒や学級内での仲間づくりに抵抗がある生徒にとっては効果的な方法である。こうした働きかけを行う中で、教師は《担任教師としての振り返り》を繰り返している。日々《担任教師としての振り返り》を繰

り返しながら生徒と関わる中で、【子どもを視る・見続ける姿勢】や〈生徒が求める教室での位置づけを整理する〉ことを意識出来ているかを確認しながら【学級経営を省みて、良し悪しを考え続ける】のである。

(3)保護者との連携・連携に至るまでの担任教師の不安

　学級に馴染めない生徒の保護者に対して、担任教師が《保護者との予防的な話し合い》をする場合がある。保護者が不安を感じている場合は、あくまで【傾聴の姿勢】を大切にして、〈家庭での様子や親としての思いを聴く〉〈欠席時の連絡をきっかけに話をする〉ことを行い、保護者の不安要因を共有し協力して対応策を考える必要がある。もちろん、一方的に話を聞くだけではなく、〈生徒の様子を定期的に伝える〉〈教師の意思や今後のビジョンを伝える〉〈電話や家庭訪問を通して関わりを続ける〉など【担任としての思いを伝える】ことも行う。しかし、当該生徒が学級に馴染めないだけの段階、つまり、担任教師は危機感を抱いているが、表面上問題が起きていない場合がある。【保護者へのアセスメントとその対応】に関して、担任教師は〈頻繁に連絡を取るべきなのか〉〈様子見するべきではないか〉などの不安を抱きながら、保護者への対応策を検討する。また、実際にアクションを起こすか否かの見極めを行う段階でも、《担任教師としての振り返り》《教師以外の専門家との高度な判断》など試行錯誤を繰り返す。

2)要因に基づいてコード化した実践研究

教育相談担当教師の経験年数別，相談活動の特徴

石川美智子

(1)目的

高校教育相談担当教師へ質問紙調査を実施し，高校教育相談担当教師の特徴を捉える。そして，高校相談活動の在り方や，コーディネーターの方向性を検討する。

(2)方法

A県内の高校教育相談担当教師，20名を対象に，郵送による質問紙による調査を行った。「教育相談担当教師I型」と「教育相談担当教師II型」に分けた。学校教育臨床系大学院2年修了もしくは大学院の長期研修1年終了後，相談活動の実務を3年以上経験した者を「教育相談担当教師I型」と，学校教育臨床系大学院を未修了もしくは大学院の研修1年未満，または，相談活動の実務を3年以下の者を「教育相談担当教師II型」と定義した。

また，研究協力者の詳しい属性を表1に示した。

調査期間は，2008年5月から8月であった。

質問内容は，自由記述によって，ア．相談活動を行うにあたっての教育相談担当教師の資質及び主な援助方法について（相談活動を行うにあたって，重要視していること，注意していること等），イ．校外専門家との連携の実施について（医療職，心理職等校外専門家の紹介や継続した連携の有無），ウ．管理職の相談活動への理解について（管理職が，相談活動に対してどのように思っているか，教育相談担当教師の意見），エ．相談活動を行っていて感じていることの4項目である。

研究対象者は，研究に対する参加の同意を得られた10名である。10名のうち，教育相談担当教師I型(教育相談担当教師I型とは，学校教育臨床系大学院2年修了もしくは大学院の長期研修1年終了後，相談活動の実務を3年以上経験した者と定義する)5名，教育相談担当教師II型(学校教育臨床系大学院を未修了もしくは大学院の研修1年未満，または，相談活動の実務を3年以下の者)5名とした。また，それぞれ，条件にあう養護教諭を1名を含んでいる。分析方法はKJ法を用い，筆者と学校教育臨床系大学院生2名の合計3名により，内容の近いものを分類した。1枚に1つの内容を書き込んだカードを作成した。内容が近いと感じられたカードを集めて領域ごとにまとめ，さらに，類似性と相違性を考慮して分類した。その際，評定者計3名で同意が得られるまで吟味した。また，分析後，研究協力者に読んでいただき修正を受けた。

表1　研究協力者の特徴　（一部省略）

	性別	年齢	研修	相談経験年数	学　校	教育相談担当教師になったきっかけ，または，教育相談を勉強し始めたきっかけ
A	男	50代	修士修了	15(5)	公立専門学科	医師の指示にしたがったが生徒が自殺したことで勉強し始め大学院入学する
J	女	50代	年6回50時間程度	30	公立普通科(養教)	健康相談担当者であり，校長の任命で教育相談担当教師になる

A〜Eの( )の相談経験年数は，大学院での修士課程修了または，長期研修終了後の年数である。

(3)結果

　教育相談担当教師が具体的な実務能力や考えを持っているか，教育相談担当教師 I 型と教育相談担当教師 II 型の実態を質問紙調査（表 2・3）からみてみる。

　教育相談担当教師の専門性については，教育相談担当教師 II 型では「一般教員では無理（分からない）」，教育相談担当教師 I 型も「専門的知識と勉強が必要」と答えて，あわせて 7 名が挙げている。

　具体的な資質として教育相談担当教師 I 型は「専門家と同じぐらいアセスメントは重要。援助計画の基」3 名，さらに，「担任を支えるチーム援助が重要」3 名，「・・コーディネートも」と答えており，アセスメントとチーム援助の重要性を挙げている。さらに，教育相談担当教師 I 型で，チーム援助を挙げていないのは 1 人であった。その 1 人は，私学で様々な役割の相談関係の職員が複数おり，チーム援助が定着している学校に勤務していた。定着しているため，あえてチーム援助の必要性を挙げなかったと思われる。教育相談担当教師 II 型は，「経験でやっている」「生徒に愛情を持って接すれば解決する」「月 1 回のスクールカウンセラーでは解決できない」とそれぞれ 1 名ずつ述べている。

　さらに資質として，教育相談担当教師 I 型と教育相談担当教師 II 型は，面接についての資質は「アドバイス」「現実対応の面接」を 2 名が挙げていた。学校における現実対応やかかえる機能のための面接の実施がみられた。また，教育相談担当教師 II 型は「動けない担任」について述べていた。関わろうとしない担任について，半田(2005)・中川(2005)も報告している。チーム援助の難しさが推測される。

　A 県の高校における困難をかかえた生徒の援助の実態が示された。担任を中心とした，チーム援助を重要としている。さらに，校外専門家との連携については，教育相談担当教師 I 型は，5 名とも継続して行っていた。教育相談担当教師 II 型では「連携なし」と「スクールカウンセラーに任せている」が 5 名全員であった。

　管理職が相談活動に理解があると感じている教育相談担当教師は，2 名のみであった。

表 2　研究協力者の分類

研　修　時　間　の　違　い　に　よ　る　属　性

教育相談担当教師 I 型 (学校教育臨床系大学院2年修了もしくは大学院の長期研修1年終了後，相談活動の実務を3年以上経験した者)	教育相談担当教師 II 型 (学校教育臨床系大学院を未修了もしくは大学院の研修1年未満，または，相談活動の実務を3年以下の者)
内訳 教育相談担当教師5　（うち養護教諭1）	内訳 教育相談担当教師5　（うち養護教諭1）

表3　高校教育相談担当教師の質問紙調査の回答概要

教育相談担当教師の資質・援助方法			
・専門的知識と勉強が必要。	5	・一般教員では無理，分からない。	2
・専門家と同じぐらいアセスメントは重要。アセスメントに基づきチーム援助計画を立てる。	3	・経験でやっている。	1
・担任を支えるチーム援助が重要である。でも，説明が難しい。役割分担し細かくチェックする。	3	・生徒に愛情を持って接すれば解決する。	1
・現実対応の面接	1		
・カウンセリングをすると教員が何をしたらいいか分からなくなる。したがってチーム援助ができるように計画する。	1	・アドバイスをしている。	1
・教師だから面接もコーディネートも担任も全てやる。	1	・担任が動かなくて援助のためには日頃の人間関係が大切。動いてくれる人をみつける。	1
		・月1回のSCでは解決できない。	1
校外専門家と連携			
・継続した連携。	5	・継続した連携なし。	3
		・SCに任せている。	2
管理職について			
肯定的意見			
・教育相談担当教師出身の管理職で理解がある。	2		
中立的意見			
・パワーのある教師が管理職になっていく。理解できるように説明する。	1		
否定的意見			
・関心を持ってほしい。	1		
・相談活動はアリバイ作り。	1	・管理職は周りをきれいにしておきたいから管理職には相談できない。	3
・特別支援教育によって個別支援が発達障害のみと理解され権限が後退した。	1	・生徒の生死にかかわることをしているのに管理職は聞かないようにしているアリバイ作り・顔を出しているだけ。	2
その他		・落ちこぼれと思っている。	1
・相談活動はいろいろな人に影響される。	2		
・授業の軽減が必要。	1	・権限ない。	2
・ケアをどこまでしたらよいか分からない。	2	・相談活動をやると大変。	1
・週1回の相談係会，職員会議での連携や専任のスタッフやSC，高校教育相談担当教師出身の管理職で充実している。	1		

第3章　修正版グラウンデッド・セオリー法（M-GTA）

第1節　修正版グラウンデッド・セオリー法（M-GTA）について

(1)仮説検証主義への批判から生まれたグラウンデッド・セオリー法とその後

　グラウンデッド・セオリー法は，社会学者のグレイザーとストラスが，仮説検証主義中心の研究方法に行きづまりを感じて，考え出した研究方法です。グレイザーとストラスは，当時(1960年代)の主流であった，社会学の巨人たちの理論を演繹的に検証していく方法に異論を唱え，現場からの理論産出の方法論を確立しようとしました（野中・紺野，1993）。そして，グラウンデッド・セオリー法を用いて，当時知られていなかった末期患者と医療従事者（主に看護師）と家族の相互作用を明らかにして，終末期医療の理論を示しました。グレイザーとストラスは，従来の数量的アプローチで明らかにすることが出来ない新しい分析方法を，文脈に基づいて客観性の確保に努めようという質的な研究を行ったのです。つまり，グラウンデッド・セオリー法とは，現場(グラウンデッド)の知見を集め，抽象度を高め理論（セオリー)をつくり出す方法ともいえます。

(2)南さんの学級経営研究の実際
1)研究目標

　学部新卒学生の南さんは，中学校での教職専門実習1にて生徒の自己肯定感が低い発言を度々耳にし，「もう少し前向きに自分を信じて頑張って欲しい」「否定的な言葉を使って欲しくない」という思いを持ちました。そこから，自己肯定感を生徒が持ち続けられるような学級経営をしたいという考えに至りました。翌年度の実習2では，自己肯定感を育めるようにポスターを貼る等の取り組みを行いましたが，結果的に自己肯定感育成の手応えを感じることは出来ませんでした。そこで，自己肯定感の育成ができる学級経営を，学校現場の中で考えたいと思いました。その手立てとして，「担任教師の勇気づけの言葉掛け」の研究をしたいと考えました。「勇気づけの言葉掛け」は，個々の生徒への言葉掛け，褒め言葉や声援，叱る言葉等も含みます。このような言葉掛けの継続によって，学級の雰囲気が形成されるのではないだろうか。つまり「担任教師の勇気づけの言葉とはどのようなものか」というリサーチ・クエッションを持ちました。しかし，研究の途中で，「担任教師の勇気づけの言葉は生徒を変化させる役割があるか」というリサーチ・クエッションに変わりました。リサーチ・クエッションの変更が行われたのです。

2)文献研究

　岩井(2002)によると，「アドラーの人間観，教育，治療が勇気づけそのもの」とされている。アドラーの心理学は，後継者によって教育界や医療分野に広まっていきました。南さんは，「担任教師の勇気づけの言葉とはどのようなものか」というリサーチ・クエッションを，学級経営に生かすことができると考えました。先行研究を調べると，「勇気づけ」の言葉は，日本の学校では研究されていないことがわかりました。

3)データ収集

南さんは,「担任教師の勇気づけの言葉とはどのようなものか」を知るために,まず2名の担任教師に研究協力を依頼しました。他の教師から「学級経営が上手である」と評価されている中学校女性担任教師（A教師）と中学校男性担任教師（B教師）の言葉掛けを研究の対象としたのです。それぞれの学級で参加観察してデータ（印象に残った担任教師と生徒のやりとりを実習ノートやメモに書き留めたもの）を集めました。

4)研究方法

南さんは,担任教師の勇気づけの言葉掛けについて明らかにしたいと考えました。担任教師の勇気づけの言葉をカウントして生徒の行動変化をみる方法もありますが,担任教師から生徒を勇気づける言葉がけのプロセスを知りたいと思いました。そこで,人間と人間の相互作用の研究や過程を説明することができるという特徴を持った「修正版グラウンデッド・セオリー法」を,分析方法として用いました。この分析について木下(2007)は,「実践的な活用のための理論」であり,「提示された研究結果は応用されて,データが収集された現場と同じような社会的な場に戻されて,試されることによってその出来ばえが評価されるべきであるとする立場」と述べています。つまり,欠くことの出来ない重要な要素として,「応用が検証であるという視点」で「応用者が必要な修正を行って目的に適った活用ができる」ことが含まれているのです。自分が担任教師になったときの学級経営に,数量化された結果より,さらに役に立つ理論を形成できると考えて「修正版グラウンデッド・セオリー法」を用いました。

5)資源(時間・技術・能力・人・経験)

担任教師と生徒の関わりを,実習記録以外にも様々な場面でメモしました。分析を早めに進めて,ゼミの研究会で助言を求めました。指導教官からは,担任教師の様子だけではなく,生徒の様子も書くように助言を受けました。ゼミ仲間の学部新卒学生からも概念やカテゴリーの統合が適切か意見をもらい,コードとカテゴリーの修正を行いました。

6)再データ収集・理論サンプリング

南さんの研究は,修正グラウンデッド・セオリーとして,研究協力者の人数が少なく偏りがありました。グラウンデッド・セオリー法では,理論的飽和が行われるまで,データ収集と分析を行いますが,南さんは分析しながら,生徒の様子をもっと詳しく書く必要を感じ,データを追加でとりなおしました。また,他にも学級経営の上手な先生がいることがわかり,研究協力者の担任教師1名（C教師）を追加しました。

7)研究課題

指導教官から,アドラー心理学における教育の役割を加筆するようにいわれました。当初は,導き出されたカテゴリーに「自己受容」「所属感」「自己肯定感」を入れていました。しかし「勇気づけの言葉でそこまで生徒を導くことができるだろうか,論理が飛躍している。考察に入れ,先行研究から理論的

に補足するように」と助言を受けました。つまり，質的研究法の客観性の問題を指摘されました。また，「生徒への言葉掛け」「学級経営で気をつけていること」「生徒との信頼関係」等について担任教師と面接すると，より厚い記述ができると助言がありました。時間の調整がつかず，面接出来なかったため，今後の課題として論文の最後に記述することにしました。

8)研究倫理

担任教師の先生方は気持ちよく研究の協力を了解してくれました。中学校の管理職も了解してくれました。書面での研究の承諾については，担任教師の先生が必要ないと申し出があったため実施しませんでした。

研究デザイン，倫理的配慮で説明されたことがすべてここで実践されたことがわかります。特に，リサーチ・クエッションの変更が行われました。再データ収集・理論サンプリングは，他の研究では見られないグラウンデッド・セオリー法の研究の特徴です。実際には，グラウンデッド・セオリーは，理論的飽和までに，何十人もの研究協力者を求めることがあります。

(3)グラウンデッド・セオリー法の方法と特徴

グラウンデッド・セオリー法の特徴は，現場から理論を生み出すことが出来て，現場でその理論を実践できるという点です。Willig(2001)は，グラウンデッド・セオリー法は，（方法として）カテゴリーの発見と統合のプロセスであり，（理論としては）その産物を指すと述べています。グラウンデッド・セオリー法は，データ解釈に明確な分析手続きを示し，質的研究法の方法論を示しました。事例研究法とくらべれば，データ解釈に明確な分析手続きがあるため，より精緻な理論を生み出しやすいです。また，第3部第1章で述べた事例研究法は，データ収集し，時間軸に沿って書かれています。データ解釈の分析手続きはなく時間軸の記述のみによって行われます。ＫＪ法もカテゴリーの発見と統合のプロセスであり，理論としてはその産物でありますが，データ解釈に明確な分析手続きを示していません。

グラウンデッド・セオリー法の具体的な手順を図3-1に示します。

1 データを集める	方法（観察，インタビュー，質問紙等） 場所（教科内外における教室・職員室・廊下） 対象　個人や集団，出来事，掲示物，落書きや配布物等の文章
記述する	文章として起こす。

2 記述ラベルをつける 　コード（概念）化 オープンコード	文章の類似性・差異に注目する。記述ラベル数も多い。（抽象度は低く，数も多い）
コード（概念）化を試行錯誤する	類似性の高い文章を集め，差異に注目する。記述ラベル数が少なくなる（抽象度は中程度）

3 カテゴリー作成 （カテゴリー化）	類似性の高い文章を集め，カテゴリー名をつける。概念の抽象度はさらに高まる。

4 結果 （ストーリーライン）	コードを包括したカテゴリー（概念）を用いて結果を説明する

6 考察	いろいろな先行研究を用いながら自分の結果を考察する

図 3-1 グラウンデッド・セオリー法の手順

5 比較分析（比較分析によって1〜4が追加修正）

メモ

1)データを集める・記述する

　教室や職員室等での観察法や，担任教師や管理職・児童生徒の面接法，質問紙，掲示物，学級便り，学級日誌等の情報を収集し，記述します。

2)コード（概念）化

　記述した文章を区切ったり，切ったりしてコード（概念）化します。つまり，コード化とは概念名をつけることです。データから最初に概念を作成することをオープンコードといいます。データが多い場合，すべてのデータのコード化は出来ません。データを意味あるもの，わかりにくいものに限定する場合もあります。コード化はその後のカテゴリー化につながるように，深く解釈し背景や意味が理解できるよう動きのある言葉で命名することが大切です。たとえば，「不安定」でなく「沈みがちで落ち着きがなくなる」，「明るい」でなく「はっきりした声でてきぱき動く」などです。このようにすると次のカテゴリー化の作業に柔軟性と選択の広がりを持たせ，深い洞察を行うことが出来ます。この作業は何回も行います。何回もしているうちに，研究者の中でデータの概念が浮かび，研究の方向性や概念の構造化が行われます。

3)カテゴリー作成

コード化されたものをさらに抽象度をあげてカテゴリー化へと統合します。カテゴリー化とは，概念の包括概念としていくことで，上位概念としてまとめていくことです。目安として 5~15 個のカテゴリーとすると理論としてわかりやすいです。カテゴリー化を行うに当たって，様々なコード化方法が研究され命名されています。

ストラウスとコービンが提案した「コード化パラダイム」は，非常に単純かつ一般的なモデルで「現象」とその「原因」「帰結」「文脈」その当事者の「戦略」を明らかにする方法です。軸足コードといわれているもので，だれがいつどこでどのようにした等因果関係を探りながらコーディングします。データ解釈の中期に用いられることが多いです。

選択コードは，仮説および理論を生成し精緻化するために用いられています。データ解釈の後期に用いられることが多いです。その他理論的コーディング，焦点化コーディング等があります。

表 3-1 は，南さんの研究におけるカテゴリー表の一部です。

表 3-1　「勇気づけ」の言葉の概念化・カテゴリー化

カテゴリー名 下段：定義	概念名 下段：定義	ヴァリエーション
受容 受け入れること	失敗のポジティブ化 失敗した場合，肯定的な言葉で返すこと	・授業中に指名された生徒が"答えがちな誤答"をしたことに対し「上手いこと間違えてくれた！ナイス！」と声を掛けておられた。生徒は嬉しそうな様子であった。 ・授業中に二度連続で誤答した後に再度挙手した生徒に対し「何回間違えても何回も手をあげてくれるのは素晴らしい」と言うことにより，本人が臆することなく周囲も誤答した生徒に嫌な感情を抱かなかった様子。
共有 集団の中で共有すること	聴き出し上手 相手の意見を聞き返し，言語化すること	・校外学習での行き先について「ここは行くほうがいい？」と聞いた生徒に対し「先生の意見は先生の意見。Aさんはどう？」と聞き返し，その答えについて一緒に「勉強になりそう，いいね」と声をかけておられ，生徒は満足感を得て，行き先を決定していた。
前向き 集団の中で前向きになるようにすること	集団内の親切の連鎖 良いことを，言語化し集団に認知させること	・休み時間に自主的に黒板を綺麗にしている生徒を見て「Ｂさんがみんなのために黒板綺麗にしてくれてるで？」と声を掛けられ，他生徒が「ありがとう」と言っていた。 ・ふとした空き時間の「おぉ！Ｃくんがゴミ拾ってくれてる！」という言葉掛けにより，他生徒もゴミを拾い，拾ったことをアピールしている生徒もいた。

4)比較分析

グラウンデッド・セオリー法は，データをコード化するために2・3のデータ解釈の途中で比較分析を進めることが特徴です。事例研究法では，データ解釈の途中で比較分析することはありません。データ解釈の途中で，コード化からカテゴリー化が出来なかったり，理論が偏っている等疑問がでたら，再

びデータを組み直したり，コード化を組み直したりします。Charmaz(2000) は，比較分析について①異なる人々の比較（たとえば見解，状況，行為，説明，経験）②同一人物からの異なる時間に得られたデータの比較③事件との比較④データとカテゴリーの比較⑤カテゴリーと他のカテゴリーの比較をあげています。コード化によって比較分析ができるため，データを検討し続けることが出来ます。思い込みや既存の理論形成を防ぎ，学級での出来事がわかり，児童生徒担任教師を深く洞察出来，より精緻な概念や理論を作ることが出来ます。グラウンデッド・セオリー法がデータから生まれる理論であるといわれるのはこのためです。

　南さんの研究の 再データ収集・理論サンプリングでは，指導教官から「教育は教師と児童生徒との関わり合いで行われる」と指摘を受け，データ収集に生徒と対象担任教師を増やすという追加が行われました。さらに，研究目標のリサーチ・クエッションの変更が行われたのです。「担任教師の勇気づけの言葉とはどのようなものか」から，「担任教師の勇気づけの言葉は担任教師と生徒の関わりの中でどのような役割を持つか」になりました。その他いろいろな比較を通して研究が修正されました。

　では，どこまで比較分析するのかという課題があります。一般的には理論的飽和が来るまでとされています。理論的飽和とは，カテゴリーの特性を新たに展開できるデータが見つからない状態をいいます(Flick, 2007)。したがって，限りがありません。木下(2007)は「修正版 GTA では理論的飽和化を二つの点から考えるわけで，一方では分析結果から立ち上がってくる部分の完成度という側面があり，それが本来の意味なわけです．それに加えて，結果のまとまりが論理的密度をもって成立し得るデータの範囲の調整も行うのであり，このバランスで理論的飽和化を判断してよいという立場である」と述べています。その目安として，修正グラウンデッド・セオリー法では，研究協力者を 20 人前後としています。教師も教師を目指す人も，時間に制限があります。研究には必ず課題が生まれてきます。あきらめずに時間の制限の中で精一杯挑戦し，よしとするところを決めるしかありません。

5)メモ

　分析中にもメモをとります。メモの目的は　①データについてのアイデアを書く②分析の道筋をたてる③カテゴリーを洗練させる。④様々なカテゴリー間の関係を定義する⑤データを分析する能力についての自信と有用性の感覚を支援する（Chnarmaz, 2000）です。メモをとることにより，比較分析が促進されデータ解釈の偏りを防ぎ，精緻で創造的な解釈を行えます。

6)結果と考察

　最後に生成されたカテゴリーで，ストーリーラインとして過程を説明します。つまり理論を明らかにするのです。したがって，生成されたカテゴリーは，コードやデータを表した言葉です。

7)総合考察

　分析された結果から，分析者が独自性や客観性の担保に努め，考察を導き出します。

(4)完全版と簡易版

グラウンデッド・セオリー法が生まれて，50 年になります。その間に，多くのグラウンデッド・セオリー法の改良版が生まれました。共同創設者のグレイザーとストラスも，それぞれの「グラウンデッド・セオリー法改良版」を作りました。

完全版と修正版の大きな違いを説明します。研究方法の選択の参考にしていただきたいと思います。Willig(2001)は，完全版ではカテゴリーが詳しく緻密で特徴あるものに発展するまで，研究者は外に出ていき，カテゴリーとそれに対する負のケースや反証例を明らかにします。簡易版は分析対象のテキスト内部にのみ適用されるとしています。時間や研究協力者などの状況が許せば，完全版が望ましいです。可能でない場合は簡易版を使うことになります。

日本では木下(2007)が作成した，修正版グラウンデッド・セオリー法が有名です。修正版グラウンデッド・セオリー法の特徴は，データ解釈にワークシートのプロセスを入れます。ワークシートでは，概念名，その定義，ヴァリエーション，理論メモがあります。ワークシートを作ることにより概念をより客観的にしようとしています。

院生との討議により南さんのワークシートの一部が修正されたものを表 3-2 に示します。なお，研究協力者の人数は 20 人前後が望ましいといわれています。

表 3-2　南さんのワークシート

概念名	感謝の言葉　集団内の連鎖
定義	感謝を示した言葉で善意を気づかせ集団に意識化させる
ヴァリエーション	・休み時間に自主的に黒板を綺麗にしている生徒を見て「B さんがみんなのために黒板綺麗にしてくれてるで?」と声を掛けられ，他生徒が「ありがとう」と言っていた ・ふとした空き時間の「おぉ！C くんがゴミ拾ってくれてる！」という言葉掛けにより，他生徒もゴミを拾い，拾ったことをアピールしている生徒もいる
理論メモ	院生の話し合いで，「ただ感謝を示しただけではない。学級集団の中で，クラスメートが当たり前だと見過ごすことを，感謝を示すことにより，みんなも気がつき同じ事を自分もみんなのためにいいことをしようと思う生徒もいるのではないか」という声が出る

修正版グラウンデッド・セオリー法が K J 法と異なるのは，データ解釈にワークシートのプロセスを入れるところです。概念名をつけるために定義を決めることで，要素が抽出されます。修正版グランデットセオリーは，主観に偏りがちな質的研究法に客観的要素を入れることができるのが特徴です。

(5)グラウンデッド・セオリー法の限界

　グラウンデッド・セオリー法は記述をコード化するため，学校現場の持ち味が伝わらなくなる場合があります。Flick(2007)は，グラウンデッド・セオリー法は量的研究方法の理想に強く影響されていると述べています。つまり，コード化，カテゴリー化によって，データは扱いやすくなるが，コード化やカテゴリー化が表面的なものになれば生成された理論は深みがなくなります。さらに，学校現場の文脈からもはずれて，現場での理論の応用が難しくなります。研究者は，学校現場の感覚を失わないようにデータの全体を理解しつつ，概念形成に鋭敏な感受性を生かすように心がけることが重要です。

　グラウンデッド・セオリーについて，詳しくは成書をごらんください。

引用文献

Charmaz, K. (2000) *"Grounded theory: Objectivist and constructivist methods"*. In N. K. Denzin & Y. S. Lincoln(Eds.)*Handbook of qualitative research.* (pp. 509-535). Thousand 　Oaks, CA: Sage Publications.平山満義監訳(2008)質的研究ハンドブック第 2 巻　北大路書房　(2007)*Qualitative Sazialforschung*　小田博志監訳(2013)『質的研究入門』春秋社

木下　康仁(2007)「修正版グラウンデッド・セオリー・アプローチ(M-GTA)の分析技法」『富山大学看護学会誌』6(2)，1-10.

石川美智子・松本みゆき(2018)「小学校教師は学級経営をどのように考えているか―修正版グラウンデッド・セオリーを用いた質的分析―」常葉大学教職大学院研究紀要　4

岩井俊憲(2002)『勇気づけの心理学』金子書房

南知里(2015)「学級における「勇気づけ」の言葉掛け―質的研究法による実践のカテゴリー抽出―」『京都教育大学大学院連合教職実践科修了論文』未刊

Willig.C.,(2001)*Introducing Qualitative Research in psychology* 上淵寿・大家まゆみ・小松孝至訳(2003)　『心理学のための質的研究法入門―創造的な探求に向けて』培風館

第2節　修正グラウンデッドセオリー法による実践研究

　このように修正グラウンデッド・セオリー法を用いて，石川・松本(2018)は「小学校教師は学級経営をどのように考えているか」実践研究を行いました。

　冗長を防ぐため一部省略しました。

小学校教師は学級経営をどのように考えているか
—修正版グラウンデッド・セオリーを用いた質的分析—

石川美智子・松本みゆき

目的

本研究の目的は，「小学校教師は学級経営をどのように考えているか」を質的研究法によってプロセスを検討することである。本研究を通して，学級経営において実践的な知見を深めることができるであろう。また，いわゆる「学級崩壊」の要因の一つとして，文部科学省(2000)は，担任教師の指導力不足の問題をあげているが，本研究によって学級崩壊の課題解決の一助となると考える。

研究法の選択

小学校教師は，学級経営をどのように考えているか，そのプロセスについて検討した先行研究は見あたらない。このような場合，質的研究法が有効である(能智，2011)。そして，本研究は質的研究法のM-GTA を用いた。M-GTA を用いた理由は，①質的研究法としての分析手法が明確である，②小学校教師という本研究の分析対象が，対人援助過程における相互作用であり，M-GTA が適している，③「実践的な活用のための理論」であり，「応用が検証であるという視点」と「応用者が必要な修正を行うことで目的に適った活用ができる」とされているためである(木下，2007)。

データの収集と研究協力者

①小学校教師経験 2 年以上経過している，②筆者がアクセスできる 3 都道府県の学校に勤務という基準から，教師を選択した。公立の小学校経験者 17 名である(表 1)。いずれも教職大学院に指導に来ている教師，及び実習校での指導教師，現職教師学生，管理職から推薦された教師である。私学の小学校教師は，除外した。その理由は，私学は各学校独自のやり方や目標を持っているため，一般化できないと考えたためである。個々の教師に研究の主旨と中止の自由，データは研究目的でしか使用しないこと，また個人が特定されないよう配慮することを書面であらかじめ伝え，承諾を得た。なお，教師の経験年数によって若手教師(経験 5 年以下)，中期経験教師(経験 6 年以上 19 年以下)，長期経験教師(20 年以上)の 3 つに分けた。

データ収集について説明する。筆者が，上記の研究協力者に対して，1 人 30 分から 2 時間程度の半構造化面接を実施した。面接にあたっては，研究の主旨と中止の自由，データは研究目的でしか使用しないこと，また個人が特定されないことを面接当日に改めて口頭で説明した。その上で「小学校学級経営をどのように考え工夫しているか」と質問した。その他，面接中には，内容を深めるため「学級崩壊」「保護者への対応」について，必要に応じて詳細な説明を求めることもあった。面接時期は，2016 年 2 月〜8 月である。面接場所は，周囲の人に内容を聞かれることなく落ち着いて話せる場所を研究協力者との合意により決定した。面接の内容は，IC レコーダーにより録音し，聞き取り調査実施後，筆者の発言も含めて文字化したものをデータとした。文字化の際には，仮名表記とし，個人情報に配慮した。なお，文字化は全て筆者が行った。合計 150,989 文字であった。

(表 1)省略

M–GTA の分析手順

　分析は以下の手順で進めた。「小学校教師は学級経営をどのように考えているか」というリサーチ・クェッションのもと，データの分析を下記の通り進めた。

　①リサーチ・クェッションに関連した文章に着目し，具体例(ヴァリエーション)とし，類似の具体例も説明できる場合に概念を生成した。②概念を作る際に，概念ごとに分析ワークシートを作成し，概念名，定義，最初の具体例などを記入した。③類似の具体例は，ワークシートの具体例欄に書き込んだ。④また，反対の具体例も検討し，概念から具体例が作られるか比較検討し，ワークシートの理論的メモ欄に記入した。⑤新しい概念の可能性が見出された場合は，以前の事例に立ち戻り，それを確認するという作業を繰り返した。⑥複数の似通った概念をまとめてカテゴリーとした。⑦カテゴリー相互の関係から分析をまとめ結果図とした。⑧ストーリーラインとして文章化した。執筆段階にも，つながりが悪い部分は，カテゴリー化，概念名も再検討した。その場合には，聞き取り調査に立ち戻り，概念やカテゴリーを確認した。

概念生成過程の例示

　具体的に示す(表 2)。本研究の概念【経験を通し児童理解を自分のものとする】をもとに概念の生成過程を説明する。まず，文字化されたデータの中で，分析テーマに関連する箇所「一人ひとり児童のよさを見ようとする」という部分に着目した。この部分について【児童のよさの発見】を作った。しかし，【児童理解】の概念と似通っていることから，【児童理解】とした。さらに，「頭がよいだけでは教師になれない。教師になれるか自分で考える。児童理解はセンスが必要。人を見る力が必要。児童の行動を読めるようにする」は，実践的な児童理解である。また，「子どもたちの遊びに参加したり，(子どもがいる校区内の)スーパーで買い物したりしていました。子どもの育ちや子どもを理解しました」の具体例があり，経験を通して，自分なりに一人ひとりの児童理解を行うことに意味がある。最終的には，【経験を通し児童理解を自分のものとする】とした。

(表 2) 省略

分析の具体的経過

　面接の半ばの時点で，語りの内容が一番豊かだと思われた研究協力者 1 と 2 から分析を開始した。分析手順に従って，まず 15 の概念を創出した。この概念を基本に，順次面接を行い，他のデータの分析も進め，最初に生成された概念を確認すると共に，新たな概念の可能性が見出された場合は，以前の事例に立ち戻り，確認し生成した。概念の生成過程で，類似の具体例が見つからなければ削除した。これらの作業を繰り返した。執筆段階に入った後も，事例に立ち戻り，概念やカテゴリーの確認を行いながら修正した。

倫理的配慮

　研究協力者へ依頼するにあたって研究の主旨と中止の自由，データは研究目的以外に使用しないこと，また，個人や学校が特定されないよう配慮することを書面で伝えた。面接当日も，研究協力者に口頭で同様の説明をした。

分析者の立場

　質的研究方法による分析は，研究者の思考を通し，研究者が分析データの解釈者となり，仮説を述べ

るものである（木下，2007）。そのため，筆者の研究者としての立場を開示する。筆者は，2 年間栄養士として小学校に，34 年間中高等学校教師として学校現場に所属し，担任教師として，学級経営にもかかわった。また，同時期に，大学教師および小中高等学校の教師が参加する研究会に所属し，実践的議論を行った。その後，4 年間，大学院で学級経営の演習と講義を行ってきた。これらの経験は，本研究の分析に大きな影響を与えている。

分析の質の担保

　客観性を高めるために，分析開始から大学教師および学校教師・大学院生が参加する研究会で 2 回検討した。さらに，教育学や心理学を専門としている大学教師から 3 回個人的にスーパービジョンを受けた。執筆後，研究協力者 6 人，現職教師（管理職・学年主任含む）5 人に検討していただいたが，修正はなかった。

結果と考察

　M-GTA による分析を通して生成された，6 つのカテゴリーと 13 の概念との関係を結果図として示した。まず，結果図に示した概念とカテゴリーの関係を説明する。つまり，「小学校教師は，学級経営をどのように考えているか」≪≫をカテゴリー，【】を概念，＜＞を概念の定義，具体例を""で示す。

第3部 質的研究法

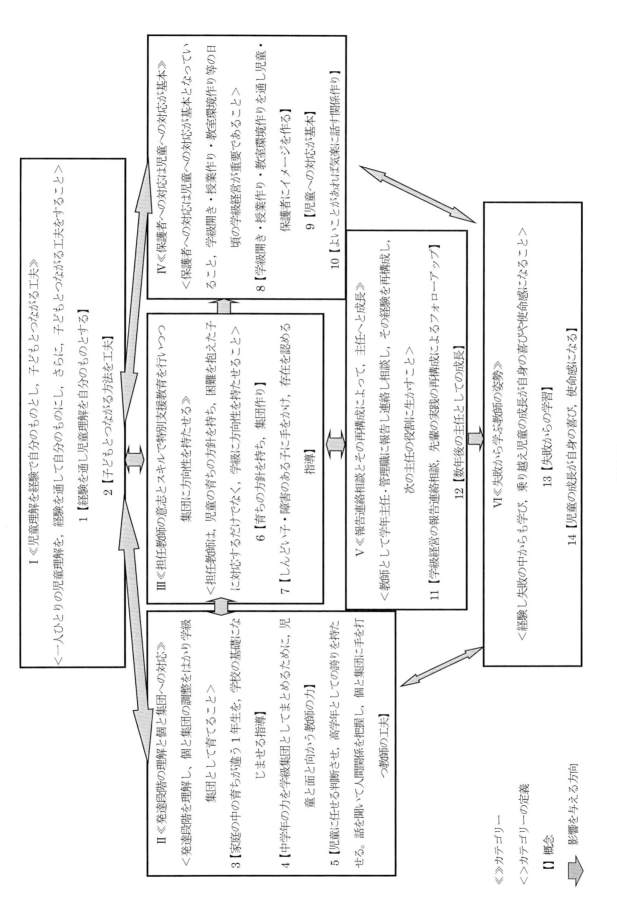

結果図

179

カテゴリーを用いて結果図を説明する。学級経営を行うにあたって小学校教師は，まず≪児童理解を経験で自分のものとし，子どもとつながる工夫≫をしていた。具体的には≪発達段階の理解と個と集団への対応≫が行われていた。また，≪担任教師の意志とスキルで特別支援教育を行いつつ集団に方向性を持たせる≫ことが行われていた。そして≪保護者への対応は児童への対応が基本≫となっていた。小学校教師は，これらの営みを≪報告連絡相談とその再構成によって，主任へと成長≫する機会としていた。また，≪失敗から学ぶ教師の姿勢≫を持っていた。カテゴリーはそれぞれ影響をしあっていた。

各カテゴリーにおける小学校教師の学級経営の考えと工夫

カテゴリー・概念の定義およびヴァリエーションを表3に示した。

表3　概念リスト

≪カテゴリー≫定義	【概念名】定義	ヴァリエーション	人数
I ≪児童理解を経験で自分のものとし，子どもとつながる工夫≫ <一人ひとりの児童理解を，経験を通して自分のものにし，さらに，子どもとつながる工夫をすること>	1【経験を通し児童理解を自分のものとする】 <経験を通して，自分なりに一人ひとりの子どもに対して児童理解をしていくこと>	・子ども理解が大切。その時は見ているようで，今から思うと見ているふりをしているだけだったような気がする。15 若 ・一人ひとり児童のよさを見ようとする。その目を育てないと課題ばかり見つけてしまいます。1 長 ・頭がよいだけでは教師になれない。教師になれるか自分で考える。児童理解はセンスが必要。人を見る力が必要。児童の行動を読めるようにする。11 中 ・子どもたちの遊びに参加したり，（子どもがいる校区内の）スーパーで買い物していました。子どもの育ちや子どもを理解しました。今は付属小学校で，1 年生の担任だけは家庭訪問をすることにしました。1 学期かかります。点在している子どもが SNS でつながっているので苦労しました。児童の質はいいけれど児童の背景がわからなくて苦労しました。7 若	17
	2【子どもとつながる方法を工夫】 <学級集団の中で，児童一人ひとりとつながる工夫をすること>	・大学では児童理解ということを習った。実際学校現場に入ると，忙しくて一人ひとり見ることができない。担任になるとそのゆとりがなくなる。後でと思っていると子どもたちが引く瞬間がわかる。聞いていないとすっとさっていくことがわかった。だから，返事をするときも必ず子どもの顔をみることにした。小学校 1 年生は先生にいろいろなことを話したい。その子を受け入れるためにも顔をみて話を聞く。13 若 ・「どう」「それで」「こういうこと」と時間をみつけて聞いてあげる。2 長	17
II ≪発達段階の理解と個と集団への対応≫ <発達段階を理解し，個と集団の調整をはかり学級集団として育てること>	3【家庭の中の育ちが違う 1 年生を，学校の基礎になじませる指導】 <低学年，特に小学 1 年生は，学校生活に慣れていないため，集団になじませるようにすること>	・それでも，枠に入らない子どもたちが増えているので，力のある担任と若い子を組ませる。力のある先生は個と集団を見れる先生なんだけど，1 年生は別。9 中 ・細かいことまで一つ一つやっていくのが 1 年生。1 年生の担任は大変だと思う。自分の指導が足りないところが，そのまま現れている。指導しなかったことができていない姿で後になって，表われる。15 若	15
	4【中学年の力を学級集団としてまとめるために，児童と面と向かう教師の力】 <中学年のエネルギーを，学級集団としてまとめるために，児童と面と向かう教師の力が必要なこと>	・一番最初 4 年生の担任になってうまくいかなかった。何がどうよくなかったか。皆さんに助けてもらった。子どもとの信頼関係がうまくつくれなかった。しかり方や注意の仕方，一部のやんちゃな指導の仕方がうまくいかなかった。15 若 ・中学年は親の手も離れていきます。もう一度育ちなおしです。崩れやすいのはここです。こっちで揉め事あっちで揉め事，後手後手になった対応に教師はしんどいです。教師はそこで面と向かって対応できることが重要です。新任はなかなか察知できないです。わかるのが遊びです。「ここで話を聞かないといけない」ということができないと後手後手に回ります。放課後でも見ていないといけなくなる。5 長	17

| | 5【児童に任せ判断させ，高学年としての誇りを持たせる。話を聞いて人間関係を把握し，個と集団に手を打つ教師の工夫】
<高学年として，児童に誇りを持たせること，個と集団をまとめるために教師の工夫が必要なこと> | ・2年生だと言葉がわからなくて，細かく丁寧にかみ砕いて教えていた。5年生は，任せるところは責任をもって任せ誇りを持たせます。でもできなかったりする。担任がやることか子どもに任せるべきか迷う。14 若
・高学年はグループ化されます。個性がでて顕著に現れます。私が高学年を持つときはよく話します。「ちょっと話を聞かせてよ」といいます。問題の事前防止のためには情報がないとだめです。俗にいうアンテナを張っていないとだめです。人間関係を把握します。いじめの問題も把握できます。ちょっとおかしいなというところで手を打ちます。それをしないと学級経営はしんどいと思います。それがないと授業が成立しなくなります。そういう関係づくりをしておかないとグループ学習できないと思います。「あの子嫌だ」といったら学級経営は失敗です。5 長 | 17 |

以下省略

具体例の文末の数字は研究協力者の番号
若：若手教師(経験5年以下)，中：中期経験教師(経験6年以上19年以下)，長：長期経験教師(20年以上)

≪児童理解を経験で自分のものとし，子どもとつながる工夫≫カテゴリー

Kagan(1992)は，教師の発達課題として，子どもへの正確な理解と知識の獲得とそれをいかしていく経験が重要であると述べている。若手小学校教師は"子ども理解が大切。その時は見ているようで，今から思うと見ているふりをしているだけだったような気がする"と述べているように，【経験を通し児童理解を自分のものとする】必要がある。その上で，実践で児童理解を生かし，【子どもとつながる方法を工夫】していた。"大学では児童理解ということを習った。実際学校現場に入ると，忙しくて一人ひとり見ることができない。担任になるとそのゆとりがなくなる。後でと思っていると子どもたちが引く瞬間がわかる。聞いていないとすっと去っていくことがわかった。だから，返事をするときも必ず子供の顔をみることにした"と述べている。大学での児童理解理論を踏まえて，小学校教師は，自分の方法で子どもたちとつながる工夫をしていた。

小学校教師のこれら2つの概念を≪児童理解を経験で自分のものとし，子どもとつながる工夫≫カテゴリーと命名して，<一人ひとりの児童理解を，経験を通して自分のものにし，さらに，子どもとつながる工夫をすること>と定義した。

≪発達段階の理解と個と集団への対応≫カテゴリー

岸田(1969)は，教師への質問調査によって，小学生の発達傾向のだいたいの規準を示している。

小学校教師も，発達段階に応じた指導を述べている。【家庭の中の育ちが違う1年生を，学校の基礎になじませる指導】が必要になる。中期経験教師は，"力のある先生は個と集団を見れる先生なんだけど，1年生は別"と述べ，1年生の指導の大変さを述べている。若手教師は"細かいことまで一つ一つやっていくのが1年生"と具体的に指導の在り方を述べている。"中学年は親の手も離れていきます。もう一度育ちなおしです。崩れやすいのはここです。こっちで揉め事あっちで揉め事，後手後手になった対応に教師はしんどいです。教師はそこで面と向かって対応できることが重要です"と【中学年の力を学級集団としてまとめるために，児童と面と向かう教師の力】の必要性を述べている。"5年生は，任せるところは責任をもって任せ誇りを持たせます"と若手教師は述べている。また"高学年はグループ化されます。個性がでて顕著に現れます。私が高学年を持つときはよく話します。「ちょっと話を聞かせてよ」といいます。問題の事前防止のためには情報がないとだめです。俗にいうアンテナを張っていないとだめです。人間関

係を把握します。いじめの問題も把握できます。ちょっとおかしいなというところで手を打ちます。それをしないと学級経営はしんどいと思います"と長期経験教師は述べている。【児童に任せ判断させ，高学年としての誇りを持たせる。話を聞いて人間関係を把握し，個と集団に手を打つ教師の工夫】が必要となる。

　これらの 3 つの概念を≪発達段階の理解と個と集団への対応≫カテゴリーと命名して，＜発達段階を理解し，個と集団の調整をはかり学級集団として育てること＞と定義した。

≪担任教師の意志とスキルで特別支援教育を行いつつ集団に方向性を持たせる≫カテゴリー

　文部科学省（2005）は小学校生活最初の時期においては，生活集団と学習集団を一致させ，よりきめ細かな指導を行うことにより，基本的な生活習慣，人間関係や社会生活のルールとあわせて，学習習慣の定着を培うというねらいがあると示している。長期経験教師は"よさを認め合うようにしないといけない。リーダー作りは，みんなで共有しないといけないと思います。「何々ちゃんすごいね」ということをみんなで共有しないといけないと思います。縦糸横糸を作ることだと思います。これが結果として集団作りになっていると思います"と述べ，【育ちの方針を持ち，集団作り】をする。さらに，中期経験教師は"特別支援教育は人を認めるという共に生きる教育だと思いました。教師が見本を示せば，高学年になると一部の児童は見守れるようになりました。教師より上手になりました"と【しんどい子・障害のある子に手をかけ，存在を認める指導】の大切さを述べている。

　これらの 2 つの概念を≪担任教師の意志とスキルで，特別支援教育を行いつつ集団に方向性を持たせる≫カテゴリーと命名して，＜担任教師は，児童の育ちの方針を持ち，困難を抱えた子に対応するだけでなく，学級に方向性を持たせること＞と定義した。

≪保護者への対応は児童への対応が基本≫カテゴリー

　教師の 57％は保護者の対応について強いストレスを感じている（文部科学省，2013）。そのような現状の中，長期経験教師は"学級開きで，保護者に学校生活はどんなもので明日はこういうことをするということのイメージを持ってもらう。楽しみがあることを言う"と述べ【学級開き・授業作り・教室環境作りを通し児童・保護者にイメージを作る】としている。また"教師がわが子を自分の子のように話してくれれば，親御さんは納得してくれます"と保護者への対応は，【児童への対応が基本】であることを述べている。"児童によいことがあれば家庭訪問をします。家庭訪問に慣れることで気楽に話す雰囲気を作ります"と述べ【よいことがあれば気楽に話す関係作り】の重要性を指摘している。

　これらの 3 つの概念を≪保護者への対応は児童への対応が基本≫カテゴリーと命名して，＜保護者への対応は児童への対応が基本となっていること，学級開き・授業作り・教室環境作り等の日頃の学級経営が重要であること＞と定義した。

≪報告連絡相談とその再構成によって，主任へと成長≫カテゴリー

　長期経験教師は"学年に入ったら学年主任の話を聞く。先輩のアドバイスを受けてつぶれないようにする。小学校は一人で全てをやらなければならない。依存できるようにする。これからはそのような関係ができないといけない。困ったときに頼れる人間関係を作る。初めからうまくいかない。自分も成長できる学級経営をしてほしい"とし【学級経営の報告連絡相談，先輩の実践の再構成によるフォローアップ】の重要性を指摘している。さらに"指導法を盗みやすい時期は新任 3 年目までかなと思います。

うちの新任 3 年目に私は「君はどうしたいの」と言いました。返事がありませんでした。今までそう言われていませんでした。3 年目以降は相談される側になります。自分はこうしたいのですがよいですかというふうになってもらいたいと思います。教師の大量退職時代に入り，数年後には主任になっています”と【数年後の主任としての成長】を期待している。

　これらの 2 つの概念を≪報告連絡相談とその再構成によって，主任へと成長≫カテゴリーと命名して，＜教師として学年主任・管理職に報告し連絡し相談し，その経験を再構成し，次の主任の役割に生かすこと＞と定義した。

≪失敗から学ぶ教師の姿勢≫カテゴリー

　教師の成長について，実践における経験全てが重要であるとされている(徳舛，2007)。“新任教師は学級を持っているが混乱する場合がある。一度思い通りにならないと分からない。1 年目からうまくはいかない。4 月から見通しを持って目指す。1 年目は考えている余裕はないが，冷静になったとき手順を考える。失敗や経験をして 2 年目以降の学級経営の参考にする。やっぱり 1 年目はだれでもうまくいかない。省察力が必要。反省をしながらふりかえり学んでいくことはとても上手な方法”と中期経験教師も若手教師も【失敗からの学習】を指摘している。さらに，“子どもの成長を喜べる仕事はほかにない。失敗してもそれを乗り越えていく。そういう営みをみつめる”と【児童の成長が自身の喜び，使命感になる】と指摘している。

　これらの 2 つの概念を≪失敗から学ぶ教師の姿勢≫カテゴリーと命名して，＜経験し失敗の中からも学び，乗り越え児童の成長が自身の喜びや使命感になること＞と定義した。

第4章　ライフヒストリー

第1節　ライフヒストリーについて

(1)ライフヒストリーとは

　平(2011)は，ライフヒストリー分析とは，個人の人生，すなわち，その人の過去から現在にいたる体験および主観的な意味づけの記録であるライフヒストリーのデータを第一次資料として，新たな知見，仮説，理論を構築する研究の方法としています。ライフヒストリーの分析方法は多様であり，質的研究の歴史を象徴しているようです。

　最も著名で古いライフヒストリー研究は，「私の名はリゴベルタ・メンチュウ」(1984)です。この本は，人類学者エリザベス・ブルゴス(1984)がグアテマラの先住民族であるリゴベルタ・メンチュウへの聞き取り調査によって書いたものです。リゴベルタ・メンチュウが回想的に語った個人の歴史です。個人史の中にはグアテマラの先住民族に対する弾圧と虐殺の記述が含まれ，リゴベルタ・メンチュウはノーベル平和賞を受賞しています。このように，ライフヒストリーによるアプローチは，人の心を打つ影響力を持っています。そのため重要な研究方法の一つとして位置づけられています。

　William(2000)は，ライフヒストリーとは人々が意味を機能させ発展させていくような個人と集団の関係をとおして決定づけられている文化的構築物であるとみなされていると述べています。個人史ですが，個人は社会という文脈とつながっています。読者は一個人ですが，社会という文脈に存在しているため，ライフヒストリーから大きな影響を受けています。実際，「私の名はリゴベルタ・メンチュウ」のように，人々は先住民族について考えて，心を揺さぶられるのです。社会や集団の中にいきている私または個人は，ライフヒストリーによって，他者を意識し生き方や認識の仕方に影響を受けるのです。さらに，影響を受けた個人が新しい社会の文脈を作り出すのです。これはライフヒストリーの意義と言っていいかもしれません。

(2)ライフヒストリーからの具体的学び

　ライフヒストリーとは何か，ライフヒストリーから何を読者は学ぶことができるか，具体的に予測される成果を考えてみます。

　谷(2014)のライフヒストリー分析の理解の一部を紹介します。

①　個人の生活構造に焦点を当てて，人生の一時期，あるいは一生，あるいは世代を超えた生きざまを対象とする。そして，生活構造の編成や世代間の文化の継承，断絶などを長いタイムスパンで検索するもの

②　異文化を対象とし，それを人間行動の動機に沿って内面から理解しようとするときに有効であるもの

③　個人と組織，制度，システムも視野に入れ，個人史と社会史，主観的世界と客観的世界，連動関係を把握しようとするもの

　小林(2011)は，4名の退職教師へのインタビュー調査によるライフヒストリーを分析しています。そし

て，教師の個人史がライフテーマの克服を目指す生徒指導・教育相談活動であることを示唆しています。この研究は，④事象の個別性，固有性を重視すると同時に，個別を通して普遍にいたる道を志向する研究といってよいのではないでしょうか。ライフヒストリーを通して，教師の自己形成・危機の克服過程等を示す可能性があります。

塚田(1998)は，大学受験制度と高校教師のキャリア形成の影響をライフヒストリーによって示しています。これは，⑤個人と組織，制度，システムも視野に入れ，個人史と社会史，主観的世界と客観的世界，連動関係を把握しようとする研究と言えます。

その他，高井良(2005)，山﨑（2012），浅井・船山・杉山(2013)によって，教師のライフヒストリーとキャリア形成を関連づけた研究が行われています。仕事と生き方は，影響しあいそこで人は何らかの決断を選択します。ライフヒストリーの研究は，多様な教師のモデルを提示したり，システムの中における一定の教師の生き方を示したりしています。ライフヒストリーの研究は，教師の人生を豊かにし，教師教育も促進させる役割があると考えます。

(3)ライフヒストリーの研究デザイン
1)ライフヒストリーにおける面接法

ライフヒストリーのデータ収集方法は，一般に，面接法による聞き取り調査が用いられています。研究協力者の回答は，研究者の質問に影響を受けます。Watson & Watson Franke(1985)はライフヒストリーとは，個人がみずからの人生全体やその一部を書き言葉や話し言葉で回想的に説明したものであり，そうした説明は，他者によって引き出されたり，促されたりするものであると述べています。研究者である面接者が，どのような質問をするかによって，導きだされる過去のエピソードが異なってきます。

江藤(2007)はライフヒストリーの課題として，方法論が確立されていないことを述べています。その中でも面接法について「インタビューについてはライフヒストーリー・インタビュー，ナラティブ・インタビュー，対話式インタビュー，深いインタビュー，ヒアリング，といった多様な表現が使われている」と述べています。そこでまず，インタビューの方法について吟味していく必要があります。

ナラティブ・インタビュー

ここでは，ライフヒストリーに多く用いられるナラティブインタビュー（物語・語り・話）について，説明します。詳しくはFlick(2007)の質的研究入門を見ていただきたいと思います。ナラティブ・インタビューの効果としてSchütze (1976)は，「準備なく即興で自分の経験について語るとき，罪や恥の意識や利害関係のせいで，ふだんの会話や通常のインタビューでは口にしたがらないような出来事や行為の傾向まで語り手は話してしまうことになる」と述べています。そのためには，構造化面接や半構造化面接とは異なる方法が必要となります。また，半構造化面接では，必要な項目だけ研究協力者に自由に語ってもらうため，比較的データをまとめやすいのです。しかし，ナラティブ・インタビューでは，膨大なデータとなります。また，研究者のリサーチ・クエッションとは異なる方向の語りになってしまうこともあります。

Hermanns(1995)は，「研究協力者に求められるのは，自分が関わった対象領域の歴史/物語を即興的に語ることである。・・・このときのインタビュアーの役割は，関連するすべての出来事が最初から最後まで

一貫したストーリーとなるように，研究協力者に語ってもらうことである」としています。そこで，Hermanns(1995)のナラティブ・インタビューにおけるナラティブ生成質問を筆者が改変したものを示します。

> あなたが教師としてどう歩んでこられたのか，お話しください。教師になられたきっかけに関することから，場合によっては子どもだったときから始めてください。そしてそれから今日まで起こったことを順に語っていただけますか。あなたにとって大事なことならなんでも私は関心がありますので，細かいことにも，時間をかけてお話しください。

さまざまな段階で，研究者は，研究上関心のある領域に焦点をしぼりたくなります。また，研究協力者の文脈が飛んで理解ができなくなったり，研究者が，話の背景を知りたくなったりしますが，原則として，研究者は語りの途中で質問をしません。途中で質問をするのは，研究協力者の立場からいうと水をさされたことになります。研究者は聞いているというシグナル（うなずき，それで，そうですか等）を送ります。研究協力者が語りつくしたところで，研究者はリサーチ・クエッションにしたがってオープンな質問をします。たとえば「さきほどの○○についてわかりませんでした。もうすこし詳しくお話しいただけますか」「○○のきっかけになったことをお教え下さい」と述べるとしています。総括の段階になると質問の抽象度が増し，説明と論証に焦点を当てた問い「なぜ・どうして・どのように」が望ましいとされています。

2)ライフヒストリーの議論と研究デザイン

「私の名はリゴベルタ・メンチュウ」では，彼女が貧しくそして父親の方針で学校教育を受けていなかったと書かれています。実際は，彼女はカトリックの学校に行き，中学校程度の教育を受けていました。したがって，事実ではない部分があるとして，大きな議論を呼びました。

ライフヒストリーの研究は，人生の経過を明らかにしています。そのデータは「体験および主観的意味づけの記録」であるため，客観性と個別性が課題となります。語られた人生が主観であるためその位置づけをどう捉えるか，また，データが少ないため一般化をどこまで求めたらよいか，そもそも一般化など求める必要があるのか，今後のライフヒストリー研究の動向をみる必要があります。リサーチ・クエッションによって，データの分析方法を慎重に選択する必要があります。

3)多方面から，データや結果・考察を裏付け：トライアンギュレーション

筆者は，「私の名はリゴベルタ・メンチュウ」の議論の原因は，研究者であるエリザベス・ブルゴスが質的研究の客観性の担保をとらなかったことに原因があると考えます。具体的には，トライアンギュレーションを行わなかったためであると考えます。Dnezin(1989)は，方法，研究者，理論，データ等のトライアンギュレーションは，理論的構築の最も確かな戦略であるとしています。エリザベス・ブルゴスは方法，研究者，理論，データ等多方面から，データや結果・考察を裏付けることをしなかったと思われます。研究者が，一人だけでなく，複数の研究協力者を対象にし，他の専門家と協同で分析すること

により，議論を防ぐことができたと思われます

中野(1995)は，「ライフストーリーが文学作品ではなく，ライフヒストリーとされるとき編者たる研究者は『真偽』つまり『歴史的事実とみなしうる信憑性』の有無に注意を払う必要がある」と主張しています。研究協力者が語った人生に関連する文献研究が必要です。研究協力者を守るためにも，質的研究の客観性の担保に努力しなければなりません。

4)分析方法の種類（事例を示しながら説明する）

ライフヒストリーの研究は，リサーチ・クエッションによって，分析方法を選択すると述べました。ここでは，３つの分析方法を述べます。

一番目は，語られた人生がそのまま要約され分析される方法です。二番目は，語られた人生と生きられた人生を比較して分析する方法です。この場合生きられた人生とは，同じ時期に通常の人生を通過したことです。

最後にあげるのが，知識の社会的構築に焦点を当てるものです(Flick, 2007)。非構造化データから，グランデッド・セオリーの分析方法を用いてカテゴリーすなわち要素を抽出します。そして，理論的飽和を目指すために，理論が充足するまでサンプルを求めます。結果として，ある特定の人々の人生におけるプロセスが示されます。

１番目の，語られた人生がそのまま要約され，分析される方法の一つの手順を Flick(2007)より示します。

ライフヒストリーについて，詳しくは成書をごらんください。

ライフヒストリー

ナラティブ分析（語り分析）の手順(Schütze, 1976)

前提

得られたデータがナラティブ（物語・語り）かどうか検討する

手順

① ナラティブでない部分を削除する

② 構造記述を行う（いくつかの接続言葉によって人生をいくつかの構造にわける）

③ 人生の各時期において支配的なプロセス構造の連鎖を明らかになるように総体化する
(Schütze,1983)

④ 非ナラティブ・インタビューな部分を取り入れる

⑤ 事実的な経過の関連を比較対象とする

この分析では，語られた人生は，人生を再現していることを前提としています。

２番目の，語られた人生と生きられた人生を比較して分析する方法の一つの手順を Flick(2007)より示します。

ナラティブ・データ分析の手順	Rosenthal and Fischer Rosenthal(2000)

1	出来事に関するデータの分析
2	インタビューにおける自己提示に関するテキスト分節を順番に並べる（ライフヒストリーの再構成）
3	事例のヒストリー（生きられた人生）の再構成（ライフヒストリーの再構成）
4	個々のテキスト部分の精密な分析
5	語られたライフヒストリーを生きられたライフヒストリーと比較
6	タイプ形成

　この分析では，語られた人生と生きられた人生を比較することを通して，研究協力者の主観や，その時代の社会的文脈が示される可能性があります。非常に時間と手間がかかる分析方法です。

　3番目の知識の社会的構築に焦点を当てるものは，グラウンデッド・セオリーの手順を参考にしていただきたいと思います。理論的飽和が得られるまで，研究協力者を求めるため，人生のプロセスの要素が明らかになる可能性があります。したがって，一般化できる可能性もあります。しかし，限られた人々の中から研究協力者を求めるため，時間と人的資源が必要だと思います。

引用文献

浅井幸子・船山万里子・杉山二季(2013)「女性教師の声を聴く：小学校の女性教師のライフヒストリー・インタビューから」『東京大学大学院教育学研究科紀要』 53

Dnezin ,N.K.(1989)*Interpretive interactionism..* Thousand Oaks:Sage.

Elisabeth Burgos(1984)I, *Rigoberta Menchu: An Indian Woman in Guatemala* 高橋早代訳(1987)『私の名はリゴベルタ・メンチュウマヤ=キチェ族インディオ女性の記録』新潮社

江藤説子(2007)「社会学とオーラル・ヒストリー―ライフ・ヒストリーとオーラル・ヒストリーの関係を中心に」『大原社会問題研究所雑誌』No.585

Flick, U. (2007) Qualitative Sazialforschung　小田博志監訳(2013)　『質的研究入門』　春秋社

小林由美子(2011)「生徒指導・教育相談にかかわった退職教師のキャリア発達―ライフヒストリー・アプローチによる事例分析―」

Hermanns, H. (1995) 'Narrative interviews', in U. Flick, E. von Kardoff, H. Keupp, L. von Rosenstiel and S. Wolff (eds), *Handbuch Qualitative Socialforschung. Munchen: Psychologie Yerlags Union.* pp. 182-5.

平英美(2011)『ライフヒストリー分析　谷富夫・芦田徹郎編著よくわかる質的社会調査技法編』

村本佳奈子(2016)「教師のライフヒストリー ―若手教師の成長の過程に焦点を当てて― 」『京都教育大学大学院連合教職実践科修了論文』未刊

中野卓(1995)中野卓・桜井厚編『ライフヒストリーの社会学』弘文堂

Rosenthal, G. and Fischer-Rosenthal, W. (2000): *Analyse narrativ-biographischer Interviews.* In: Flick, U. / Kardorf, E. v. Steinke, I. (Hg.): Qualitative Sozialforschung. Hamburg: Reinbek, 456-468

Schütze, F. (1976) *Zur Hervorlockung und Analyse von Erzählungen thematisch relevanter* Geschichten im Rahmen soziologischer Feldforschung – dargestellt an einem Projekt zur Erforschungvon kommunalen Machtstrukturen. In: Arbeitsgruppe Bielefelder Soziologen (Hg.): Kommunikative Sozialforschung. Alltagswissen und Alltagshandeln. Gemeindemachtforschung, Polizei, Politische Erwachsenenbildung. München: Fink, 159-260.

高井良健一(2005)「欧米における教師のライフヒストリー研究の諸系譜と動向」『東京経済大学人文自然科学研究会人文自然科学論集』　3

谷富夫(2014)『新版ライフヒストリーを学ぶ人のために』世界思想社

山﨑準二(2012)『 教師の発達と力量形成-続・教師のライフコース研究』創風社

Watson, L.C. and Watson-Franke, M.B. (1985). Interpreting life histories: An anthropological inquiry. New Brunswick: Rutgers University Press.

William,T(2000)「不屈の勇気　ライフ・ヒストリーとポストモダンの挑戦」平山満義監訳『質的研究ハンドブック』第2巻

第2節　ライフヒストリーによる学部新卒学生の実践研究

　学部新卒学生の村本(2016)さんは，教師のライフヒストリーの研究を行いました。冗長を防ぐため一部省略しました。

教師のライフヒストリー
―若手教師の成長の過程に焦点を当てて―

村本　佳奈子

若手教師の成長とライフヒストリーに関する研究

(1)目的

　若手教師はどのようにして職業的な成長・発達を遂げていくのか，またその成長の促進要因となり得るものは何であり，どのような関連があるのかを，若手教師のライフヒストリーを手がかりに検討する。

(2)方法

　研究方法として，ライフヒストリーを用いた。Denzin(1989)は，ライフヒストリーを，一定の文化的環境における個人の成長を明らかにし，その成長について理論的意味を付与しようとする試みであると述べている。ライフヒストリーの研究には，ライフヒストリー・アプローチ(藤原ほか 2006)を基にした。ライフヒストリー・アプローチは，予め準備した質問に即しつつ教師への面接を行い，教師と筆者が，ときには即興的で対話的なやり取りを交わし，教師の語りを聴き取り，ライフヒストリーを作成する(小林 2014)。筆者はライフヒストリー・アプローチを各教師1回ずつ行い，ライフストーリーを作成した。作成したライフヒストリーを，各教師に語りやその意味の確認をお願いし，修正を加えた。こうして作成したライフヒストリーを分析の基礎資料とした。

1.研究協力者

　研究協力者は，教師としての勤務年数が比較的短い20代もしくは30代で，自己のこれまでの人生や教職人生を客観的に振り返ることができ，なおかつ，プライベートやデリケートな内容の公表を承諾した教師4名である。4名のプロフィールは表1に示した。

2.面接の時期と場所

　面接実施は，201X年11月，面接の場所は各教師が勤務する学校の応接室等である。面接は約2時間行い，全ての面接を筆者が担当した。

第3部　質的研究法

表1　教師4名のプロフィール

	A教師	B教師	C教師	D教師
性別	男性	女性	女性	女性
勤務校種	高等学校	中学校	小学校	特別支援学校
勤務年数	7年	4年	3年	4年
異動経験	無	有	無	有(同校の分教室への異動)
転職経験	有	無	無	有

3.面接の方法とデータ分析の方法

面接では「あなたが生まれてから，教師として働く現在までのことをできるだけ詳しくお聞かせください」と誕生してから現在に至るまでのライフヒストリーを各教師の自由な語りを中心に進めることを依頼した。面接ではボイスレコーダーを用いて音声を記録し，その音声データを文字に起こしたものを基に，各教師のライフヒストリーを作成した。次に，作成したライフヒストリーを各教師に確認してもらい，語りやその意味の確認を行い，修正を加えた。ライフヒストリーは若手教師の成長の過程を検討するための基礎資料とした。

4.倫理的配慮

4名の教師には，本研究を行う背景と目的を説明し，プライバシーの保護，聞き取り調査に協力することによる不利益は発生しないことを説明し，同意を得た。

また，4名ともプライベートな内容やデリケートな内容の公表を承諾した教師であるが，語りの内容については論旨に影響がない程度に一部改編し，さらに，文章化されたライフヒストリーは，それぞれの教師に読んで頂き，修正した。

(3)結果

1.A教師のライフヒストリー

A教師(以下，Aと記す)は，会社員の父と専業主婦の母の間に生まれた。幼い頃は比較的大人しい性格で，今でも人前で話すのはあまり得意ではなく，全体的な調和を好む。

Aは幼い頃から宇宙が好きで，大学院まで航空宇宙工学を学んだ後，某研究所に就職した。研究所では大きなプロジェクトを担いながらも，結婚したり，子どもが生まれたりと人生における分岐点も迎えていた。子供が生まれた頃から，Aは自分の中に小さな違和感を抱いていた。次の世代に何かを繋いでいかなくてはいけない役割のようなものである。Aは数年間,違和感や自分の役割について考えていた。そして，より直接その役割を果たせるような職に就いてみたいと考え，大きなプロジェクトの節目で，Aは教師としての道を歩むことに決めた。

1年目はとにかく目の前のことで精一杯で無我夢中であった。振り返ることもなくあっという間に1年は過ぎてしまった。2，3年目も同様に目の前のことを行ううちに過ぎていった。

4年目から学級担任を持つことになった。Aは保護者対応に苦手意識がある。担任として学級全体を

考えて行っていることが，保護者にうまく伝わらず，特別な要望をされることもある。また，Aは教師同士の関係について，大きな隔たりがある場合は意見もするが，まずはやり方を真似できなくとも理解しようとする態度で接している。互いを尊重し合える同僚とは，何気ない会話から発展した話で，悩んでいたことへの答えが見つかることもある。

　一方で，Aは現在経験値がついてきたが故の悩みに直面している。経験が増えるにつれ，足かせのようなものがついてきた。それが自分の伸びしろを減らしているように感じている。新任だったころの勢いやフットワークの軽さが失われていくようで，Aは今，成長と経験のジレンマに陥りつつある。経験を積むごとにできるようになったこともあれば，逆にできなくなったこともある。Aの常に将来に目を向ける姿勢と，目の前にあるものに必死に取り組むことのできる態度が，Aの教師としての変化のプロセスにおける大きな要因となっている。

2.B教師のライフヒストリー

　B教師(以下B)は，共働きの家庭に生まれた。友人の前では活発であったが，教師や他の大人の前では大人しい一面もあった。中学校で反抗期をむかえた。そんな反抗期のBの話をゆっくり聞いてくれた教師の姿を見て，Bは教師になりたいと考え始めた。

　幼いころから英語が好きだったBは，英語科のある高校へ入学した。Bは留学経験のある英語教師を目指していた。そのため，大学入学後に昔から好きだったM国での語学留学を考えていた。しかし，高校の教師からM国がスペイン語圏であることを聞き，急遽高校在学中に英語圏であるC国へ留学した。そして，某外国語大学のスペイン語学科に入学した。

　大学3年生でM国へ留学し，スペイン語を習得した。採用試験は，出身県の受験のみを考えていたが，スペイン語を活かせる試験のあるZ県も受験することにした。Z県でのスペイン語面接にスペイン語圏の国と同様の親しみを感じたBは，Z県の教員として働くことに決めた。

　Z県にはスペイン語圏の国の人も多かったため，Bはその子どもたちの支援をすることになった。授業方法などわからないことは多かったが，同年代の同僚が多く，様々な場面で助けを借りることができ，Bは授業力を身に付けていった。一方で，部活動では保護者や生徒と気持ちにずれが生じることもあった。生徒間で部活動に対する姿勢に隔たりがあり，ハードな部活動についていけない生徒もいた。そこでBは，生徒の要望に添った部活動を行うようにした。

　結婚を機にBは，Y県の教員となった。Z県とは全く異なる様子に戸惑いを感じた。特別な支援が必要な生徒の保護者が，Bに信頼を寄せることができず，話がうまく進まないこともあり，Bは悩んだ。環境の変化も相まって一時は離職も考えた。しかし，環境に慣れてきたことや，学年団の質の良い連携が支えとなり，Bは追いつめられずに教師として働くことができている。

　Bには理想とする特定の教師はいない。人の良い所を真似るのがうまく，Z県でもY県でも様々な先輩教師の良い所を真似てきた。入職から4年が経過し，自身の教師としての変化の過程において，同僚の助けが大きな影響を与えている。同僚に恵まれ，その同僚を頼り，頼られる相関関係がBの成長を大きく促進している。

3.C教師のライフヒストリー

C教師(以下C)は，X県で生まれ，両親共に教師である家庭に育った。幼い頃から大人しい性格で，協調性があり，周囲に合わせることがうまかったCは中学校時代に部活動の部長や，生徒会などを任されることもあった。両親共に教師の為，将来の夢を考えていく中で，自然と教育に携わる仕事を考えた。大学時代のボランティアをきっかけに小学校教員を目指した。

W県で採用となったCの勤務校は，大学時代にボランティアとして携わっていた小中一貫校であった。ボランティアでは見えなかった部分が多くあり，多忙で苦しい時期もあった。特に保護者対応は，自分だけで判断できない場面もあり，対応の仕方に悩んだ。Cは自身の育てられ方の影響で，「子どもの意思を尊重したい」という意識が強い。この考えが，保護者の育児に対する方針と対立してしまう時，Cは保護者とのやり取りに悩まされた。

Cは2年目も，昨年度と同学年の担任となった。2年目でまだわからないことも多い中，昨年度と同学年であることから，頼られる場面も多くなった。幼いころから大人しく，周囲に自分を表現するということをあまりしてこなかったCは，人に相談することが苦手だった。相談せずに行って，後々他のクラスとの差が大きくなり，後悔することもあった。

Cは3年目に，高学年の担任をすることになった。学年が変わった分，わからないことも多く，また，不登校気味の児童や家庭訪問が必要な家庭への対応もあり，多忙感は増した。1年目の頃は管理職をはじめ多くの先生方が意識的にCに声をかけるなどの配慮をしていたが，3年目になり自分だけで任されることも増え，精神的な負担も大きくなった。3年目は学年主任が担任を持たずに加配として学年団に所属していたため，これまでよりも相談しやすい環境となった。2年目までの経験から，相談した方が情報共有でき，自身も精神的に安定した状態で働けることに気がつき，それからはとにかく周りに相談し，お互いに支え合う環境の中で働くことができている。多忙さのあまり心身に不調を来すこともあったが，それでもこうして働くことができているのは支えてくれる同僚教員のおかげなのである。

Cにはボランティア時代からの憧れの教員がいる。Cよりも10歳程度年上の女性の教員である。どんな時も笑顔で，丁寧な準備が垣間見える授業をする姿に，Cは人間としても憧れを抱いている。教師として3年目を迎えたCは，これまでよりも任せられることが増え，昨年度までとは違う児童の様子に戸惑うこともある。それでも，いつでも相談しやすい環境が整っているということが，Cの成長を大きく促している。

4.D教師のライフヒストリー

D教師(以下D)は，V県に生まれ育った。小学4年生でバレーボールを始め，大学までバレーボールをしていた。高校も部活動を中心に考え進学した。将来のことを考える際も，バレーがしたいという気持ちが強く，また，中学時代の顧問の影響もあり，自然と教員を目指すようになった。理数科目が苦手だったことなどもあり，国語科の教員を目指すことにした。

しかしDは，母校での教育実習で，ある一人の教師の叱責に心が折れ，教員になることを諦めてしまった。今なら自分の考えを言えるような場面でも，大学生で教育現場を知らないDにとっては，教育の道を諦める決断に至るほどであった。大学卒業後，Dは飲食店でのアルバイトや派遣社員として一般企

業で働いた。5年ほど働く中で得た人脈から，幼児教室で働くことになった。そうして，数年ぶりに教育に携わるうちに，教師になりたいという気持ちが再燃し，また幼児教室での経験から，V県で育成講師登録をした。

Dの勤務した支援学校は病院に併設された学校で，病気治療中の生徒が入院しながら通っている。Dはその学校で国語を教えることになった。授業は一斉授業で，V県のカリキュラムに則った授業を行った。生徒数の関係上1つの教科に1人の教師しかおらず，3学年全ての国語科を担当した。さらに，授業の空き時間は生徒への対応などに追われ，授業準備に取り掛かれるのは子どもたちが病院へ戻ってからであった。

慣れない現場で初めての経験ばかりのDに様々なことを教えてくれたのは，支援学校の中学部長だった。Dと同じ国語科の免許を持ち，道徳や生徒指導にも精通している学部長が，Dに様々なことを教えてくれた。現在，Dは特に「報告・連絡・相談」を大切にして，日々の業務に取り組んでいる。こうした姿勢も学部長による教えであった。

Dの受け持った生徒の中には，こだわりが強く，集団で何かするのが苦手な生徒がいた。その保護者も「集団授業は受けられない」と認識していたが，実際に生徒の様子を見ていると，少しずつ保護者の言葉との差異を感じ始めた。そこでDは保護者にその生徒の様子を細かく伝えていくことにした。Dは保護者対応を苦手としているが，丁寧にやり取りをしていくうちに築かれた関係性が確かにあった。3年間受け持った学年の卒業式を迎えた時，Dは生徒たちの成長を実感し，講師として最も達成感を覚えたのである。

4年目にDは支援学校の分教室へと異動になった。分教室と本校では所属する生徒の様子も全く異なり，これまでと全く違う環境となった。分教室ならではの経験もあり，その経験はDを精神的に疲弊させる時もあった。Dはこれまでとは違う環境に対応していこうと，分教室に長く務めている教員に相談するなど，ここでも「報告・連絡・相談」を大切にしていった。

そんなDの憧れは，1年目からあらゆるノウハウを教えてくれた中学部長の教員である。同じ国語科の教師として，そして特別支援学校に務める教師として，Dは学部長の様々な面に憧れを抱いている。現場を何も知らなかったDに，様々なことを教えてくれた学部長の助言や，他の同僚との関わりの中からDは成長していった。そして，来年度よりDは講師ではなく教諭として特別支援教育に携わっていく。

おわりに

　この本を執筆するにあたって，名古屋大学大学院教育発達科学研究科の先生方には大変お世話になりました。特に，石井秀宗先生には，研究者の精神ばかりでなく「教師として科学的根拠に基づく研究」という重要な示唆をいただき敬服しております。また，教職大学院へのキャリア助言は，教員養成を考えるきっかけとなりました。そして，質的研究法と量的研究法のどちらか一方ではなく，両方とも教師にとって必要であるという知見を得て，本書を執筆いたしました。

　そして，エクセルフリーソフト HAD に関する執筆の了解をくださった関西学院大学社会学部 社会心理学研究室　清水裕士先生（http://norimune.net/696）には，心より感謝申し上げます。HAD がなければ，教師や教師を目指す多くの学生は，量的研究方法の世界に触れる可能性は低いと思います。実際，HAD を使用し始めた半年間で，常葉大学教職大学院の学生の 20% が，統計的検定を用いた研究に「あこがれ」て，石川の研究室にきました。そのうち，一人の学生は「R の入力の仕方がわからなかった。HAD ならばできます」と述べ，研究に邁進しました。

　また，執筆過程で何度も，ご助言を下さった常葉大学吉田哲也先生には，心より感謝申し上げます。

　さらに，友人の村田朝子さん，常葉大学教職大学院初等教育高度実践研究科の大学院 2 年生中野将弥くん，前田祐輔くん，1 年生の辻村友和くん，現職教員学生の田代義人先生に感謝申し上げます。

　2018 年 8 月

石川美智子

欧米・人名索引

Adjust R^2 99

AGFI 117,130

AIC 108,117

Andersson 85

Anselm L. Strauss 153

Barney G. Glaser 153

Becker 145

Bonferroni 法 54,55

Chalfie 7,8,9

Charmaz 173

CiNii 23

C-M(Chi-Muller) 60

Cohen's 42

Cuervo-Cazurra 85

Cronbach 115

df 42

d family 42

Dnezin 20,186

Donald 10

Fisher 139,141,142,143

Fischer Rosenthal 188

Flick, U. 188

GFI 117

GFP 7,8,9,19

Greenhouse-Geisser 60

Hermanns 185,186

Huynh-Feldtt 60

Kulesza 1

McLeod 5

Miller,S.D 5

OECD 6

Ragin 12

Reinalda & Kulesza, 1

Ragin & Becker 145

RMSEA 108,117

Rosenthal and Fischer Rosenthal 1,186

Shaffer(Schaffer)法 55

Schon 9

Schütze 185

Shulman,L. 144

Tsien 8

VIF(Variance Inflation Factor) 99,102

Watson & Watson Franke 185

William 184

Willig 27,170,174

Yin 144

和文索引

あ

アイデア 155,177

ID 番号 44

アクションリサーチ 30

厚い記述 13,20,24,27,170

R^2 乗 42,98,100

α（アルファ）係数 109,111,113,114,115,126

r family 42

い

一貫性 27,115

一般化 7,9,10,39,52,59,66,77,84,91

1 要因被験者間計画 62

1 要因被験者内計画 56

因果関係 28,127, 128,172

因子 107,108,110,123

因子間相関 107,108,110

因子寄与 108

因子構造 109,114

因子数 105,106,107,108

因子得点 109

因子パターン 107,110,113

因子負荷量 105,106,107,109,110

因子分析　94,99,103,105,106,107,109,110,113

因子モデル　107

インタビュー　13,21,25,26,185

インタビューガイド　25

インタビュー調査　32,184

インフォームドコンセント　15

う

ウィルコクソン(Wilcoxon)の符号付き順位検定
　　36,135

ウェルチ(Welch)の方法　36

え

HAD　34

エビデンスベイスト・アプローチ　6

F検定　36

F分布　58

エラーバー　42,59,66

円グラフ　5

か

回帰係数　99

回帰分析　117

解釈　20,21,28,32,107,153,155,170

χ^2（カイ2乗）検定　36,135,139,141

χ^2値（乖離度）　108,128

下位因子　109

下位尺度　114

回転方法　107

概念　10,21,110,154

概念化　21,22,154,172,174

概念図　157

概念名　174

概念リスト　180

科学的知識　10

科学的根拠　1,6,20

確認的因子分析　114,123

語り　177

語り分析　186

語り手　184

学級・学校への依頼　18

学級経営　145,176

仮説　19,21,94,103,113,116,123

仮説生成型　21

仮説検証型　21

過程　12,144,155,169

カテゴリー　153,170

カテゴリー化　154,169,170,174

カテゴリー作成　172

川喜田二郎　153

河村　9

間隔尺度　35,36,138

観察　20,27,28,145

観察法　22,24,25,27,28,30

間接効果　122

観測変数　107,116,118

き

記憶に関する実験　15

記述　21,30,144

記述統計　34,44

棄却　37,38

記述統計　50

基準関連妥当性　134

基準変数　99

帰納法　21

帰無仮説　37,38

客観性　13,16,20,22,34,144,155,169,186

客観的　7,15,22,25,144

逆転項目　44

95%信頼区間　41

球面性の仮定　60

教師の「高度化」　1

教職の専門職化　1

共通因子	108		効果量	42
共通性	108		構造化面接	25
共分散	117		項目数	113,114,115
共分散構造分析	116		項目得点	115
寄与率	98,110		国際教員指導環境調査	6
			コード化(概念化)	153,171,175

く

コード化パラダイム 172

区間推定	35,59	

固有値 105

グラウンデッド・セオリー　153

混合計画 86

クラスカル・ウォリスの検定　36,135,138

クリティカル・シンキング　32

さ

クレメールの連関係数(V)　135,141

最小2乗法 110

クロス表　141

再検査信頼性係数 115

群間　58

最小2乗法 110

再データ収集 169

け

最尤法 107

経験　36

参与観察 25

KJ法　153

散布図 39

欠損値　44

サンプル 187

決定係数　99

研究依頼書および研究計画書　16

し

研究課程　13

Shaffer(Schaffer)法 1

研究協力者　12,169

軸足コード 172

研究計画（研究デザイン）　12,16

質的研究法 144

研究者のトライアンギュレーション　156

質的データ 21

研究方法　16,17,170

質問紙 30,153

研究方法の選択　22

質問紙調査 110

研究倫理　12

質問の具体例 26

言語　26

実験群 86

検定統計量　52

実践的認識 9

ケンドールの順位相関係数　138

清水裕士 34

事例研究法 144

こ

事例研究法のデザインのタイプ 144

行為　9, 19,173, 185

尺度 35,38,107,113

効果量　42

尺度得点 127

交互作用　55

斜交回転 107,110

構成概念妥当性　114

主因子法 107

修正版グラウンデッド・セオリー(M-GTA)
　　　　169,174

主効果　　55

主成分分析　　109

自由度　　42

重回帰係数　　99

重回帰分析　　94,118

重決定係数　　98

従属変数　　36,99

順位相関係数　　131

順序尺度　　36,141

順序分類データ　　131

信頼区間　　35

信頼係数　　113

信頼性　　5,38,86,113,114

信頼性係数　　103

す

水準　　56,62,68,78,86

スクリープロット　　105

ストーリーライン　　153,156,157

スピアマン(Spearman)の順位相関係数　　138

せ

切片　　99

説明変数(従属変数)　　36

セル　　60

先行研究　　22,52

潜在変数　　116,118,123,125,127,128

選択コード　　172

全体　　59,71

そ

相関関係　　100

相関係数　　41,100

相関係数の大きさ　　41,108

相互作用　　12, 168

ソーシャルスキルトレーニング　　21

た

対応のある・ない　　47,56

対応のある1要因の平均値の比較　　56

対応のある t 検定　　47,54

対応のある2要因の平均の比較　　68

対応のある2つの順序分類データの比較
　　　　131,132

対応のない1要因の平均の比較　　47,62

対応のない t 検定　　47,51

対応のない2要因の平均の比較　　78

対応のない2つの順序分離データの比較　　136

対象者　　14,25,27

対人援助過程における相互作用　　176

代表値　　40

多重共線性　　99

多重比較　　36,54,135,138

多数の平均値の比較　　54,62,68,78,86

妥当性　　38,113,114

多変量解析　　94

単回帰分析　　94

探索的因子分析　　114,123

単純主効果　　55,73

ち

直接効果　　122

中央値　　46

散らばり　　40

て

t 検定　　47,48,51

t 値　　48,53

t 分布　　135

適合度指標　　108

データ収集　　31,145

データ入力　　44

データの種類　　35
データのトライアンギュレーション　　20
データの文章化(トランスクリプト)　　31
点推定　　35

と

統計ソフト　　2,34
統計的検定　　34,35
統計的推定　　34,35
統計的に有意　　50,59
統計マジック　　38
統制群　　86
独立変数　　36
トライアンギュレーション　　20,145,186

な

ナイチンゲール　　5
内容妥当性　　114
ナラティブ・インタビュー(物語・語り・話)　　185
ナラティブ分析（語り分析）　　185

に

入力ミス　　44
2要因被験者間計画　　78
2要因被験者内分散分析　　68

の

ノンパラメトリック　　36,38,131,139

は

ハイン・フェルト(Huynh-Feldut)　　60
パス　　116,127,130
パス解析　　118
パス係数　　117
パス図　　116,117
外れ値　　41
パラメトリック検定　　38

バリマックス回転　　107
半構造化面接　　25
反復主因子法　　107
反復測定　　71

ひ

p値　　37,47
比較分析　　145
被験者　　56,62,68,78,86
被験者間要因　　62,78
被験者内要因　　56,68
被験者内要因と被験者間要因がある計画　　86
非構造化面接　　25
非参与観察　　30
ヒストグラム　　39
非ナラティブ・インタビュー　　187
標準化係数　　99
標準誤差　　51
標準偏回帰係数　　117
標準偏差　　42
標本　　34,37
標本数　　42
標本データ　　24,34
標本分散　　40
標本平均　　40

ふ

ϕ（ファイ）係数　　135
フィッシャー(Fisher)の直接確率法　　36,139
フィールドノート　　31,153
プライバシーの保護　　191
フリードマン(Friedman)の検定　　36,135
プロマックス回転　　107
文化的構築物　　184
文献研究　　22
分散　　108
分散分析　　54,56,62,68,78,86

分析方法　　34,35,36

分布　　113

文脈　　144,168,184

分類データ　　131

へ

平均値　　40

平均値の比較　　47

β 標準化係数　　100

平方和　　40

偏回帰係数　　99

偏差　　40

変数　　36,39,42

ほ

方法のトライアンギュレーション　　20

母集団　　34,35,37

母平均　　40,41,50

母平均の推定　　42,51

ボローニャ・プロセス　　1

ま

マンホイットニー(Mann-Whitney)の U 検定
　　36,135

み

見かけの相関　　100

む

無作為抽出　　42

め

名義尺度　　35,138

面接(インタビュー法)　　25,26

メンバーチェッキング　　160

も

目的変数(従属変数)　　36

モデルの検討　　122

ゆ

有意　　37

有意確率(p 値)　　37,50

有意水準（危険率）　　37,38

U 検定　　135

ら

ライフヒストリー　　184

ライフヒストリーにおける面接法　　185

ライフヒストリーの議論　　186

り

リサーチ・クエッション（研究への問い）　　12,19

理論サンプリング　　169

理論的飽和　　169

理論のトライアンギュレーション　　157

両側検定　　48

倫理的配慮　　14,160

倫理委員会　　16

石川美智子（いしかわ　みちこ）

常葉大学教職大学院教授　2016年〜。京都教育大学大学院教授・佛教大学教育学部特任教授　2014年〜2016年
名古屋大学大学院教育発達科学研究科博士課程後期課程修了。
博士（心理学）。
主著に、『高校相談活動におけるコーディネーターとしての教師の役割—その可能性と課題』（ミネルヴァ書房、2015年）、『チームで取り組む生徒指導—アクティブ・ラーニングを通して深く学ぶ・考える』（ナカニシヤ出版、2015年）、『チーム学校を支える教育相談担当者としてコーディネート力を高める誌上演習』月刊学校教育相談4〜12号（2016）、1〜3号（2017）、『チームで取り組む生徒指導・教育相談—事例を通して深く学び考える』（ナカニシヤ出版、2018）

松本みゆき（まつもと　みゆき）　分担執筆者（3章、4章、5章、6章）

Christ大学（インド、バンガロール）研究員
名古屋大学大学院教育発達科学研究科博士課程後期課程満期退学。
博士（心理学）。
分担著書に、『産業心理臨床実践：個（人）と職場・組織を支援する』（2016年、ナカニシヤ出版）、『チームで取り組む生徒指導・教育相談—事例を通して深く学び考える』（ナカニシヤ出版、2018）

教育を科学する力、教師のための量的・質的研究方法
Excel フリー統計ソフトHADを用いて

2018年4月24日　初版第1刷発行
2019年4月19日　初版第2刷発行

著　者　石川美智子・松本みゆき
発行所　学術研究出版／ブックウェイ
　　　　〒670-0933　姫路市平野町62
　　　　TEL.079（222）5372　FAX.079（244）1482
　　　　https://bookway.jp
印刷所　小野高速印刷株式会社
©Michiko Ishikawa, Miyuki Matsumoto 2018,
Printed in Japan
ISBN978-4-86584-319-4

乱丁本・落丁本は送料小社負担でお取り換えいたします。

本書のコピー、スキャン、デジタル化等の無断複製は著作権法上での例外を除き禁じられています。本書を代行業者等の第三者に依頼してスキャンやデジタル化することは、たとえ個人や家庭内の利用でも一切認められておりません。